# 3.11
# 大津波の対策を邪魔した男たち

東京大学名誉教授
元日本地震学会会長
島崎邦彦

青志社

# 3・11大津波の対策を邪魔した男たち

東京大学名誉教授
元日本地震学会会長
島崎邦彦

青志社

# まえがき

二〇一一年の3・11大津波と原発事故は、多くの人たちの命を、暮らしを、家族と友を……全てを奪った。今もたくさんの人たちが苦しんでいる。

この災いは、どのようにして起こったのか。なぜ、止めることができなかったのか。やりきれない思いを胸の奥にとどめて、多くの人たちが忙しい毎日を過ごしているのではないか。

何が起こったのか。それを知って欲しいと思い、私はこれまで科学雑誌で書いてきた。この本には、これまで書いたことのまとめと、あたらしくわかったことを書いた。そして私が思ったこと、感じたことも書いた。この災害は人災だと思う。

大津波の警告は、二〇〇二年の夏、すでに発表されていた。この警告に従って対策していれば、災いは防げたのだ。3・11大津波の被害も原発事故も防ぐことができたのである。

大津波後の調査や裁判は、隠されていた事実をあばいた。記者たちが開示を求めたことで、普通の人は読むことのできなかった政府文書が公開され、皆が読めるようになった。それを順に追って行くと、その背景が見えてくる。原子力ムラの動きだ。

津波に弱い東京電力の原発が福島県にあるというのに、「福島県沖では、大津波は起こらない。だから福島県の原発は対策する必要がない」と、警告をねじ曲げる動きが、3・11大津波まで続く。ねじ曲げて行く様子を、この本は追って行く。

3・11大津波へと近づいていく道すじで、何が起こったかを知って頂ければ、と思う。警告をねじ曲げた人たちは、3・11大津波後も、「二〇〇二年の警告は信頼できるものではなく、自分たちには責任がない」という。その背後では原子力ムラの動きが続いているのだろう。

二〇〇二年の大津波の警告は、専門家たちが集まって知恵を出した成果の発表だった。ところが、防災担当大臣が発表に反対した。そして内閣府の防災担当が、発表を止めようと圧力をかけた。

結局、発表されることにはなったが、その文書には、「津波対策をしなくても良い」と読める文章が入れられた。こんな不思議なことが起こったのだ。ここでも原子力ムラの動きがあったのだろう。

原発が危険にならないようにするための役所が、警告を知って各電力会社に問いただした。東北電力は警告された津波の計算をして、大丈夫だと言った。一方、東京電力は大津波が起こらないと役所をだまして、津波の計算をしなかった。計算をすれば、敷地をはるかに超える大津波の対策をすることになっただろう。

警告の発表を止めようとした内閣府は、国の中央防災会議を担当している。この防災会議の津波対策は、大津波の警告を無視した。そのため3・11大津波では一万八千を超える数の人々の命が失われた。しかし、被害が最も大きかったところは、最も高い津波が押し寄せた場所ではなかった。

最も多くの人が亡くなったのは、大津波の対策をしなくて良い、とされた地域だった。大津波の正しい対策を、中央防災会議は邪魔したのだ。そして多くの命が失われた。こんなことが許されて良いのだろうか。

東京電力は福島の原発が津波に弱いことを知っていた。しかし、対策をしなかった。対策をする代わりに、対策の延期を専門家の先生に根回しした。役所に延期を認めさせた。さらには、これまで大津波に襲われたことはないと言いはじめた。

だから、大津波は来ないと。これを役所に認めさせて、対策せずにすます。これが東京電力の「対策」だった。大津波の対策ではなく、対策しなくて良いと、役所が言うようにさせるのだ。

海岸から遠くまで押し寄せる津波の警告が、発表されようとしていた。そのとき東京電力は、秘密会議でその内容を変えさせた。対策をしなくて良いように変えさせたのだ。

あと一歩のところで3・11大津波が起こった。

二〇二三年三月

島崎邦彦

## ●主な登場人物（複数個所で登場した人・肩書は初出時・ほぼ登場順）

**川原修司**（かわはら　しゅうじ）
原子力安全・保安院地震班班長

**高尾誠**（たかお　まこと）
東京電力社員（原子力技術部土木調査グループ）

**佐竹健治**（さたけ　けんじ）
東京大学地震研究所教授（地震学）

**今村文彦**（いまむら　ふみひこ）
東北大学大学院教授（津波工学）

**谷岡勇市郎**（たにおか　ゆういちろう）
北海道大学大学院教授（地震学）

**阿部勝征**（あべ　かつゆき）
東京大学地震研究所教授（地震学）

**首藤伸夫**（しゅとう　のぶお）
東北大学教授（津波工学）

**石橋克彦**（いしばし　かつひこ）
神戸大学教授（地震学）

**小泉純一郎**（こいずみ　じゅんいちろう）
「長期評価」発表時（二〇〇二年）の首相

**村井仁**（むらい　じん）
小泉内閣防災担当大臣

**前田憲二**（まえだ　けんじ）
文部科学省地震調査研究推進本部事務局

**布村明彦**（ぬのむら　あきひこ）
内閣府参事官

**齋藤誠**（さいとう　まこと）
内閣府参事官補佐

**笠原稔**（かさはら　みのる）
北海道大学教授（地震学）

**横田崇**（よこた　たかし）
気象庁地震火山部管理課地震情報企画官

**津村建四朗**（つむら　けんしろう）
地震調査委員会委員長

**溝上恵**（みぞうえ　めぐむ）
東京大学名誉教授（地震学）

**上総周平**（かずさ　しゅうへい）
内閣府参事官

**上垣内修**（かみがいち　おさむ）
気象庁地震火山部評価解析官

**長谷川昭**（はせがわ　あきら）
東北大学教授（地震学）

**須田秀志**（すだ　ひでし）
文部科学省地震調査研究防災課長

**磯谷桂介**（いそがい　けいすけ）
文部科学省地震調査研究防災課長
（須田氏の後任）

**大竹政和**（おおたけ　まさかず）
東北大学教授（地震学）

**入倉孝次郎**（いりくら　こうじろう）
京都大学防災研究所長（地震学）

**勝俣恒久**（かつまた　つねひさ）
東京電力会長

**武黒一郎**（たけくろ　いちろう）
東京電力原子力・立地本部長

**武藤栄**（むとう　さかえ）
東京電力原子力・立地本部副本部長

**吉田昌郎**（よしだ　まさお）
東京電力原子力施設管理部長

**高橋智幸**（たかはし　ともゆき）
秋田大学准教授（防災工学）

**纐纈一起**（こうけつ　かずき）
東京大学地震研究所教授（地震学）

**岡村行信**（おかむら　ゆきのぶ）
産業技術総合研究所活断層研究センターチーム長

**山岡耕春**（やまおか　こうしゅん）
名古屋大学地震火山・防災研究センター長（地震学）

**名倉繁樹**（なくら　しげき）
原子力安全・保安院原子力発電安全審査課安全審査室安全審査官

**今泉俊文**（いまいずみ　としふみ）
東北大学教授（防災工学）

**北川貞之**（きたがわ　さだゆき）
文部科学省地震調査研究推進本部事務局

**小林勝**（こばやし　まさる）
原子力安全・保安院耐震安全審査室長

**石井透**（いしいとおる）
文部科学省地震調査研究推進本部技術参与

**鈴木良典**（すずき　よしのり）
文部科学省地震・防災研究課長

**本田昌樹**（ほんだ　まさき）
文部科学省地震・防災研究係長

## 原子力《げんしりょく》ムラの相関図

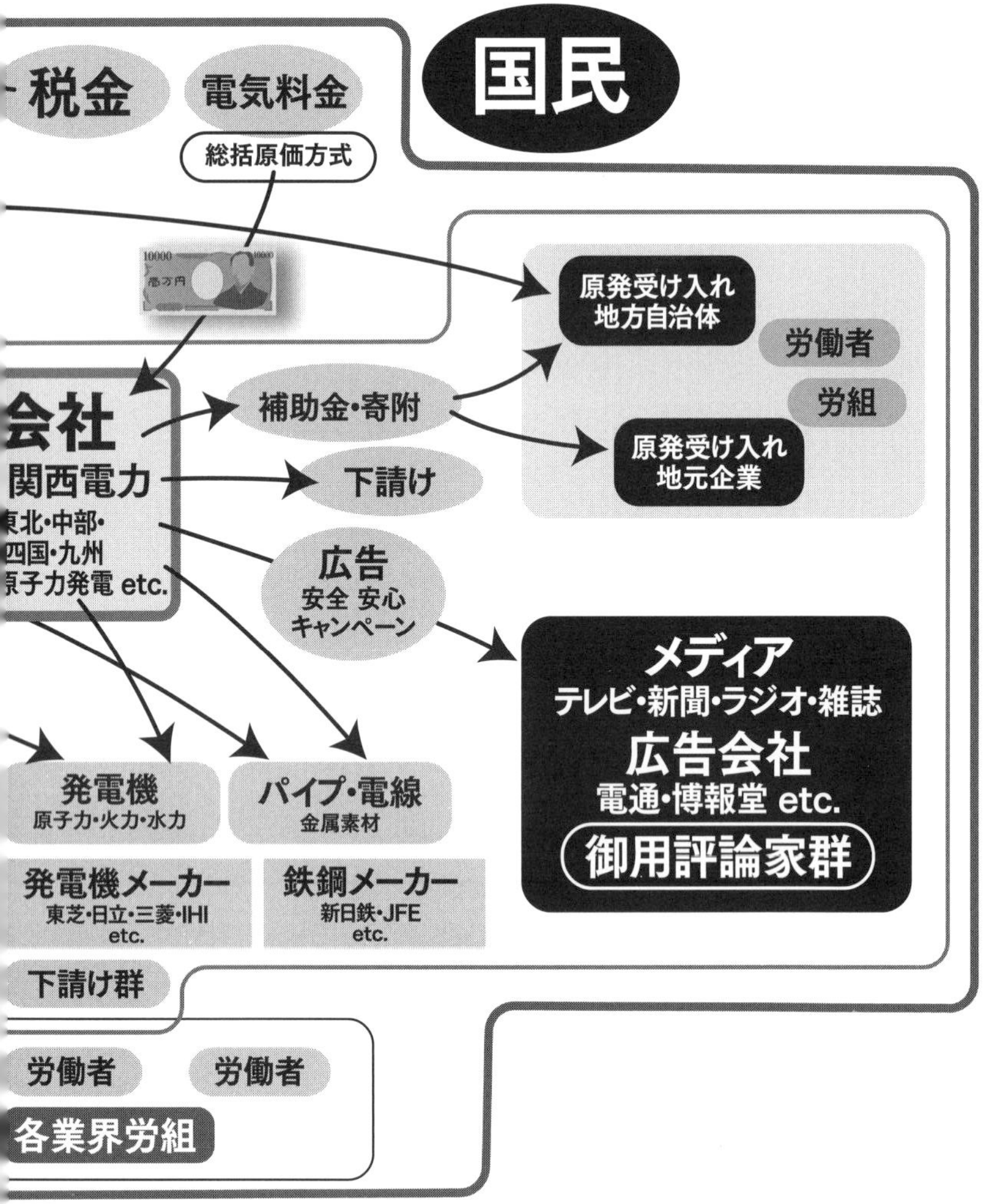

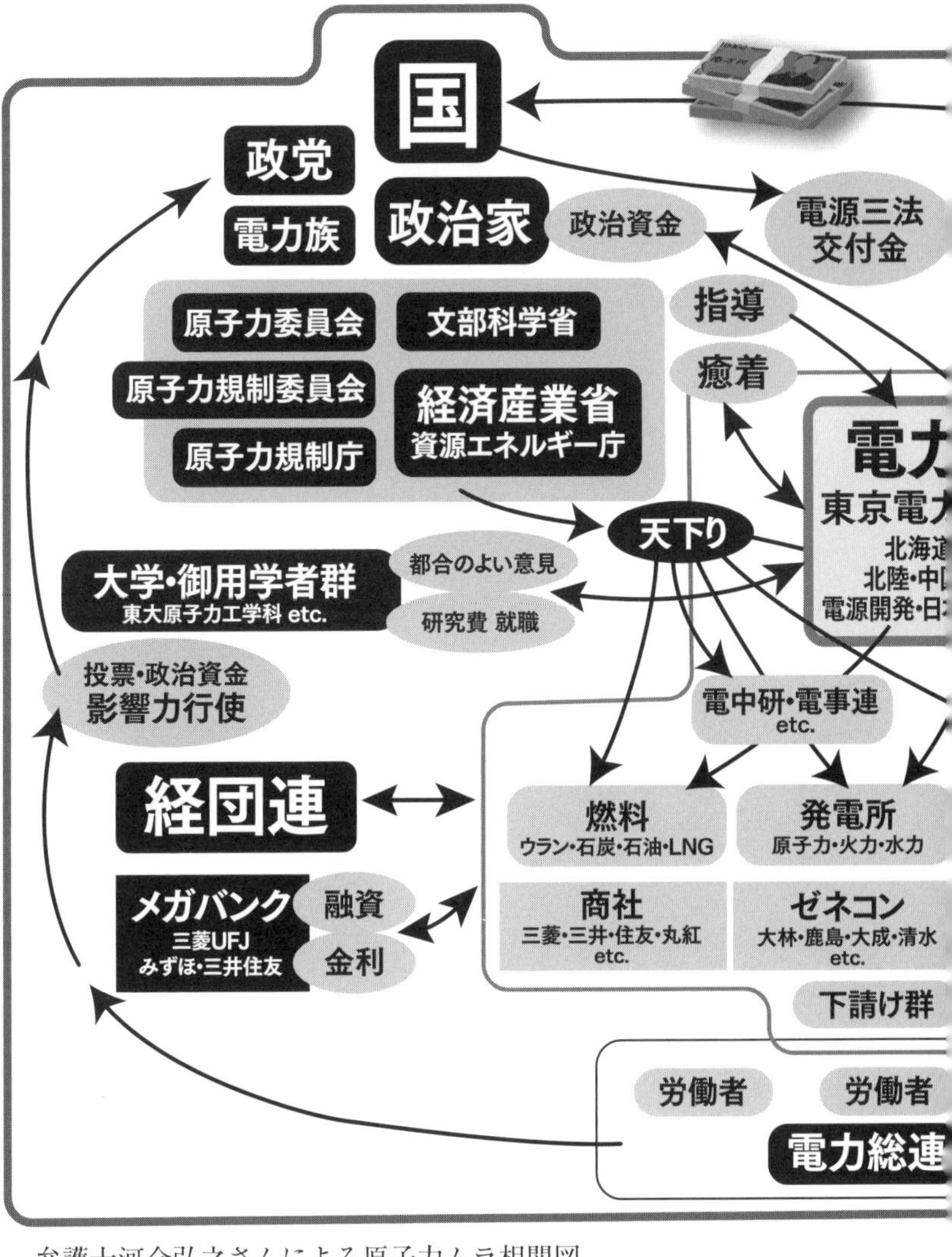


弁護士河合弘之さんによる原子力ムラ相関図
映画「日本と原発　4年後」©Kプロジェクト
（第三章、原子力ムラの掟59 ～ 61ページ参照）

# 3・11大津波の対策を邪魔した男たち●目次

## 第六章　津波の予見性

## 第九章　陸の奥まで襲う津波

## 第十章　こうして3・11津波地震の真実は隠された



ブックデザイン　塚田男女雄（ツカダデザイン）

# 第一章

# 東京電力、ウソで保安院の要求を断る

## 地震学の専門家として告発する

私は東京大学地震研究所の教授を務める一方で、一九九五年から二〇一二年までの十七年間、政府の地震調査研究推進本部（地震本部）の長期評価部会長の任に就いていた。

過去にどういう地震が起きたのかを議論し、今後に起こる可能性の確率を予測する、それが長期評価部会の役割だ。そのため、地震学等の専門家が集まって、論文はむろん、古文書も使って歴史上の地震を分析して対策に備える。

地震本部は二〇〇二年七月、「三陸沖から房総沖にかけての地震活動の長期評価について」（「長期評価」）をとりまとめ、「日本海溝沿いの三陸沖〜房総沖のどこでも津波地震が起きる可能性がある」と指摘した。

「三十年以内に二〇％」と数字も提示。「三陸沖から房総沖」には東日本大震災を起こした地震が発生した地域も含まれる。二〇〇二年の時点で、大津波が来る危険は警告されていたのである。

「長期評価」の予測を受け、保安院は東京電力をはじめとする各電力会社に、不測の事態に備え予想される津波の高さを計算するよう要求した。計算の結果、堤防の高さを超える津波が想定されたら、それに応じて対策をせよ、と促したのである。保安院とは、二〇一二年まで存在していた行政機関で、経済産業省資源エネルギー庁に設置されていた。原発などエネルギーの安全を所管する行政機関だ。

だが東京電力は、この要求を拒んだ。「福島県沖には津波地震が起こらない」というウソの混じった報告書を使って、津波の計算を要求した保安院を騙《だま》したのである。「長期評価」が警告した地域には、東京電力が保有する福島第一原発がある。津波の高さを計算した場合、福島第一原発の堤防では、間に合わなくなる可能性が出てくる。そうなると、原発の運転を止めて津波対策をしなければならなくなり、費用も労力もかかることになる。つまり、津波の計算をしてしまうと、東京電力にとって不都合な面が出てくるのだ。

福島第一原発が危険だということは、3・11大津波の九年前、すでにわかっていた。われわれ専門家も警告したし、保安院も津波の計算を要求した。しかし東京電力は、真っ当な対策をとらなかった。私は地震学の専門家として、3・11大津波は人災だったと思う。

もしも東京電力が、保安院の要求通り津波の計算をきちんと実施していれば、福島の原発事故は起こらなかっただろう。たくさんの人たちが命を失うこともなかったであろう。

問題となったたいへんな被害が予想される「長期評価」のとりまとめに、長期評価部会長としてあたった私は、今もそう思わずにいられないのだ。

しかも現在も、3・11大津波の教訓が、生かされていないと感じられる点がある。

私がとりまとめた「長期評価」において、「三十年以内に二〇％の確率で、日本海溝沿いに津波地震が起こる」と指摘した。この二〇％という確率は、二〇一一年の東日本大震災の発生によって、リセットされたわけではない。依然として二〇％の確率で、日本海溝沿いの三陸沖から房総沖にかけて津波地震が起こる可能性があるのだ。

## 3・11の大津波は人災だった

二〇〇二年八月一日、東北地方の新聞各紙に大きく「津波地震」の見出しが載った。前夜のテレビでも大きく報道された、津波地震のニュースである。要旨は次のようなものだった。

「太平洋沖の海底には、日本海溝と呼ばれる深さ一万メートルの谷間がある。北は青森県沖から、南は千葉県沖まで続いている。政府の地震本部によれば、今後三十年の間に、この海溝に沿った場所のどこかで、大津波を伴う地震が発生する確率が二〇％存在する。地震による揺れは小さくても、津波はとんでもなく高いので、警戒しないといけない」

M8級津波地震
30年以内に20%
政府調査本部　発生確率を発表

津波地震30年以内に20%
三陸—房総沖で確率評価

三陸—房総沖で確率評価
政府・地震研推進本部
津波地震の発生30年以内に20%

大津波伴う地震、確率20%
日本海溝沿いで30年以内　政府調査委

二〇〇二年八月一日の東北地方の新聞(コラージュ)。
上から時計回りに、東奥日報、福島民友、陸奥新報、デーリー東北。

この報道を受け、保安院が動いた。各電力会社に対し、津波の計算をするようにと注意した。要警戒とされた太平洋岸には、いくつも原発があるからだ。原発が危険にならないように、運転してよいかどうか調査する。運転してよければ許可する。

それが保安院の仕事である。保安院の決定は、内閣府の原子力安全委員会でもチェックされる仕組みになっていた。

二重の判断によって、原発の危険性を少しでも低くしようとしていたのである。

ところが福島第一原発を持つ東京電力は、保安院の要求を突っぱねた。

保安院が「予想される津波の高さを計算しろ」と言ったのに、東京電力はしなかった。「福島県沖で大津波は起こらない」と言い張って、東京電力は保安院の忠告に耳を傾けることなく、「それには及ばず」と、騙したのだ。

東京電力によれば、その後、3・11大津波が来る三年前の二〇〇八年に子会社に計算させたという。それによれば、予想される津波の高さは一五・七メートル。敷地の高さは一〇メートルだから、見上げるような高さの津波である。3・11の大津波は、この計算に近い一五・二メートルだったから、しっかり対策をしておけば、原発の大事故は起こらなかったということだ。しかし保安院を騙した東京電力は、またも何もしなかった。保安院もまた、自ら調べることをせず、東京電力の言い分をそのまま信じてしまったのである。

# 二〇〇二年八月一日

ところで、保安院が報道を見て動いたことに、「地震調査委員会と保安院は、情報を共有していないのか」と奇異な感じを受ける方もいるだろう。だが両者は同じ政府機関といってもタテ割りで、情報交換していないことはままあるのである。

保安院は各電力会社に対し、津波地震の新聞発表について問い合わせた。その時の様子は、原発事故裁判の証拠、メールなどから明らかになっている。保安院の審査課で、地震班班長だった川原修司さんが、3・11大津波の後、検察で証言した記録もある。川原氏の供述調書（平成二十五年四月二十四日付）には、東京電力社員が他の電力会社へ送ったメール記録が記載されている。

そのメールの差出人は、東京電力の高尾誠さんである。高尾さんは、東京電力の原子力技術部土木調査グループの一員だった。原発を守るため、津波を調査する仕事である。高尾さんは、他の電力会社で同種の仕事をしている人たちに、「至急」と題するメールを送った。津波の新聞記事について保安院から尋ねられたので、こちらで回答を用意する、との連絡だ。以下、一部引用する。

〈午後六時半頃、保安院耐震班の上席安全審査官から電話があり、「……本日新聞に掲載された『三陸沖津波地震発生確率二十パーセント』に対して、三陸沖津波を考慮しているプラントが大丈夫かどうか、明日説明を聞きたい」との指示がありました。〉

## 二〇〇二年八月五日、保安院からの要求

保安院は津波の計算を要求したが、八月五日、東京電力はこの要請を断った。

二〇〇二年二月に書籍化された、『原子力発電所の津波評価技術（津波評価技術）』という専門書を使って断ったのだ。

東京電力の高尾さんが、断った時の様子をメールで関係者に知らせている。これは裁判の証拠にもなっている。このメールには保安院に見せた資料も付いており、どのようにして保安院の要求に従わなかったかがわかる。

保安院は、福島県沖～茨城県沖の津波地震による津波を計算するように要求した。福島第一原発と福島第二原発が大丈夫かどうか、調査するようにと東京電力に言った。

同じ八月五日、仙台の東、牡鹿《おじか》半島にある女川《おながわ》原発を持つ東北電力の担当者が、保安院で

津波の計算を説明している。東北電力は、明治時代に起こった津波地震（一八九六年の明治三陸地震）をもとに、津波の計算をした。ただし、発生場所に関しては、女川原発に近いところで起きた場合を想定し、明治三陸地震よりも南に移して計算した。日本海溝沿いのどこにでも、津波地震が起こる可能性はあるのだ。それなら女川原発に近い場所で起きたらどうなるか、東北電力は調べていた。

ところが東京電力の方は、「計算をしない」と言い張った。東京電力の高尾さんは、「論文を説明するなどして、四十分くらいかけて抵抗した」とメールに書いている。先生が生徒に教えるような調子で、難しい専門的な話を展開した模様だ。『津波評価技術』に載っている図などを使って、「福島県沖には津波地震が起こらない」と主張したのだ。

高尾さんが論拠とした『津波評価技術』の中身は、専門家たちが詳しく調べ、議論してまとめたものだと普通は思うだろう。ところが落とし穴があった。『津波評価技術』の中身の一部は、電力会社側が勝手に書いていたのである。

## 隠された事実

「電力会社サイドが書き加えたことを、自分たちが決めたと言われては困る」――『津波評価技術』に携わった専門家たちは、そう思ったのだろう。
3・11大津波の後、千葉に避難した方々が国と東京電力を相手に損害賠償を求めた裁判において、問題が明らかになった。専門家の一人である東大地震研究所教授の佐竹健治さんは、原告代理人・南雲弁護士の質問に、次のように答えている。

〈**原告ら代理人（南雲）**「それと、これは大きく聞きたいんですけれども、津波評価技術と長期評価という二つ、目的が違うと先生は主尋問でもおっしゃって、私もそう思うんですね。先ほどの先生のご証言ですと、津波評価技術の策定過程では、個々の地震について詳細な検討はしていないとおっしゃいましたね」〉

**佐竹証人**「はい」

ここでいう『津波評価技術』とは、これまで何度も触れてきた、東京電力の高尾さんが資料として使った本のこと。「長期評価」とは、二〇〇二年八月一日に報道された、津波地震の予測を指している。すなわち私が長期評価部会長としてとりまとめた資料だ。その「長期評価」によれば、日本海溝沿いのどこにでも、津波地震が発生する可能性がある。
高尾さんが使った『津波評価技術』は、一つ一つの地震について詳しく調べたものではないと、佐竹さんは認めた。

〈**原告ら代理人（南雲）**「そうすると、過去の地震について詳細な検討をしないと、将来どこでどういう地震ないし津波が起きるかというのも、詳細な検討はできないですよね」〉

**佐竹証人**「はい」

昔の地震を詳しく調べなければ、これから起こる地震を詳しく議論することはできない。佐竹さんは、これも認めた。

〈**原告ら代理人（南雲）**「それをやったのは正に長期評価、推進本部の長期評価というのは、過去の地震を調べて、どの領域でどのくらいの規模の地震が起きるかということを決めるのが正にメインテーマ、ですから、津波評価技術はどこにどういう波源を置くかということについて詳細に検討していないけれども、起きたものを先ほど先生がおっしゃったように計算する技法としては、当時の最高度の技術を集約したものだと」〉

**佐竹証人**「はい」

推進本部とは、現在、地震本部（地震調査研究推進本部）と呼ばれる政府の組織である。この組織は、一九九五年の阪神・淡路大震災において、「地震学の知識が、当時防災のために働いている人や普通の人々に、十分伝わっていなかった」という反省からつくられた。私が部会長を務めた長期評価部会は、地震本部内の機関である。

津波地震の予測をした地震本部では、昔の地震を詳しく調べたうえで、これから起こる地震について議論した。その結果、「長期評価」がつくられた。一方、『津波評価技術』の方は、津波がどう伝わるかの計算については当時の最先端をいっていた。が、地震に関しては、深く議論してつくられたものではない。このことも、佐竹さんは認めた。

**〈原告ら代理人（南雲）**「ただし、どこでどんな地震が起きるかということに関しては、同じ年の七月に発表された長期評価のほうが優れた、要するにそれを主に目的とした知見だと、そういうふうに区分けできるということでいいんですか」〉

**佐竹証人**「はい」

繰り返しになるが、私は地震本部の長期評価部会長として「三陸沖から房総沖にかけての地震活動の長期評価について（長期評価）」という調査結果をとりまとめた。これは二〇〇二年七月三十一日の夕方に発表され、その晩テレビで報道された。そして翌八月一日、新聞朝刊にも載ったのである。

どこで津波地震が起こるかについては、この「長期評価」の予測の方が優れているということを、佐竹さんは認めた。

地震の予測については『津波評価技術』より、日本海溝沿いのどこでも津波地震が発生しうるという「長期評価」の方が優れている……そうであれば、東京電力は福島県沖の津波に備えなくてはならないということだ。

この裁判で、政府や東京電力は、「事故の責任はない」と主張した。『津波評価技術』をもとにして津波の高さを計算し、事故を起こさないようにしていたのだから責任はない、と強調した。それが誤りであることは、佐竹さんの証言から明らかだと思う。

佐竹さんは、被告側（政府、東京電力）の証人だった。この二〇一五年十一月十三日の千葉地裁での証言は、被告側には大打撃だっただろう。

この証言が出た日から約一か月が過ぎた十二月十八日、裁判官の異動があった。裁判官の異動は年度末が多いから、裁判に素人の私には、不自然な移動に見えた。勘ぐりすぎだろうか。くだんの裁判で、東京から千葉へと転勤した裁判長が、

「東京電力は千葉県に避難した人々に償う責任がある。だが、政府に責任はない。津波が来

ることはわかっていたはずだが、だからといって事故は防げなかった」
という判決を下した。

なお、専門家の一人である東北大学教授の今村文彦さんも、佐竹さんと同様の証言をしている（二〇一八年十二月十三日に東京高裁で開かれた、群馬県に避難した人々による民事訴訟の第二審における証言）。

『津波評価技術』には、電力会社に都合のよいことが書かれていた。電力会社の人たちや、電力に関係する人たちが書き加えたのだ。そして、あたかも十分に検討された結論のように見せかけた。インチキを、本物のように見せたのである。

## 谷岡・佐竹論文の怪

東京電力の高尾さんは、雑誌『科学』（一九九六年、第六六巻、五七四〜五八一ページ）に掲載された「津波地震はどこで起こるか」という論文を使って四十分間も抵抗し、津波計算はしないと頑張った。この論文は、地震学者の谷岡勇市郎さんと佐竹健治さんによって書かれたもので、政府や東京電力もよりどころとしている。『津波評価技術』にも、この論文で使用された図が載っている。

とはいえ、谷岡・佐竹論文には「福島県沖〜茨城県沖に津波地震は発生しない」などとは書かれていない。次のように書かれている。

〈海溝近くの海底の起伏の大きさと大地震の関係は、今のところ三陸沖で確認されただけである、どの津波地震にもこの発生機構があてはまるかどうかは、今後の研究を待たなければならない。〉

つまり、明治の津波地震（明治三陸地震）が起こった場所は、海底の様子が特異である、という報告である。だが、「今のところ三陸沖で確認されただけ」で、他の津波地震でも海底が同じようになっているとの証拠はなかった。もしも、津波地震が起こった場所は、どこでも共通して海底の様子が特別なら、これは大発見である。津波地震がどこで起こるか、海底を見ればわかることになるからだ。

しかし、この一九九六年に書かれた論文に続く報告はなかった。江戸時代に房総沖で津波地震が発生しているが、明治の津波地震が起こった場所のような、特別な海底は見られない。

このような論文が、どうして裁判で、東京電力や政府の主張の根拠になるのか、不思議である。自分たちに都合のよい部分だけを使って主張するのはおかしい。

東京電力の高尾さんたちは、この「津波地震はどこで起こるか」という論文を使って、四十分間も保安院の川原修司さんたちに抵抗した。川原さんは検察庁で、明白な根拠があれば東京電力の言いなりにならなかっただろう、と証言している。津波地震が福島県沖でも起こることがわかれば、もっと強く「原発での津波の高さを計算せよ」と言えたというのだろう。しかし、川原さんは、自分で調べることはしなかった。東京電力の高尾さんの説明を、そのまま受け入れてしまったのだ。


3・11大津波の後、原発事故を調べた国会の委員会（国会事故調、東京電力福島原子力発電所事故調査委員会）によって出された報告書には、「保安院が電力会社の言いなりになった」と書かれている。電力会社に対し、原発をルール通りに建設・運転させるのが保安院の役割だ。にもかかわらず、逆に電力会社の言いなりになってしまったというのである。この報告書にあるように、保安院の川原さんは、「福島県沖に津波地震は起こらない」とする東京電力の高尾さんの主張を信じてしまったのだ。

川原さんたちは、高尾さんらがよりどころとした論文「津波地震はどこで起こるか」を読むべきだった。

そうすれば、一つの例を示しただけということが、よくわかったであろう。他の場所でも同様の事例が見られるかどうかは、今後の研究を待たなければならない、これから調べると書いてあるのだ。もし、津波地震が起きた他の場所も同じ海底の形なら、それを報告する論文が出ているはずである。

この論文の中身がわかっていたら、裁判の証拠にはならなかったのではないか。私はそう思うのである。残念でならない。

## 政府、四省庁の報告書

福島第一原発が津波に弱いことは、ずっと前からわかっていた。

そのきっかけとなったのは、一九九三年七月に日本海で起きた、北海道南西沖地震（M七・六）である。この地震では、北海道、渡島半島西の奥尻島などで、二百人を超える人々が津波により命を失った。

防災計画を立てる際、過去の記録で最も大きな地震を選び、それを基準にして備えるだけでは足りない。そこで政府は、記録には残っていないが、起こると考えられる最大級の津波の高さを計算した。

それが、一九九七年三月に発表された、四つの省庁〈建設省河川局、運輸省港湾局、農水省水産庁、農水省構造改善局〉による計算結果の報告書〈『太平洋沿岸部津波防災計画手法調査報告書〈四省庁報告書〉』〉である。これと同時に、七つの省庁〈上記の四省庁に加え、国土庁、気象庁、消防庁〉による対策の手引き〈『地域防災計画における津波防災の手引き』〉と、津波による浸水がどのように予測できるのかを教える本〈手引きの別冊『津波災害予測マニュアル』〉もつくられた。

『四省庁報告書』には、最大級の地震を考えて計算したと、次のように書かれている。

〈過去に発生した地震・津波の規模及び被害状況を踏まえ、想定しうる最大規模の地震を検討し、それによる津波について、戦略的な精度であるが津波解析を行い津波高の傾向や海岸保全施設との関係について概略的な把握を行った。〉

当時のコンピューターでは、細かな計算まではできなかったので、実際の津波の高さは計算の値より大きいことも小さいこともある。このため「戦略的な精度」とか、「概略的な把握」とかいった言葉を使っている。

そのころ、大雑把に見て「倍半分」といわれていた。計算値より最大では二倍、最小では半分にまでなることがある、という意味である。

『四省庁報告書』参考資料によると、福島第一原発がある大熊町と双葉町の津波高さは、それぞれ六・四メートル、六・八メートルである。「倍半分」なので、一三・六メートルの高さになることもあるということだ。そもそも原発は、大変危険なものなのだから、より高い方の一三・六メートルの津波が来ると考えないといけない。

もともと福島第一原発は、一九六〇年のチリ地震津波の経験から、三・一メートルの高さの津波に備えていた。一九九七年刊の『四省庁報告書』において、「六・四メートルと六・八メートル」と想定されていたのに、3・11大津波が来た二〇一一年の時点でも、六・一メートルの高さに備えていたに過ぎなかった。

『四省庁報告書』は、電力会社側から見れば迷惑なしろものだった。当時は「経済産業省」に衣替えする前で、通商産業省が原発を管轄していた時代である。電力会社側は通産省を通じ、報告書の事務局である建設省に、圧力をかけたともいわれている（添田孝史『原発と大津波』岩波新書、七二ページ）。

だが、電力会社が圧力をかけたにもかかわらず、『四省庁報告書』は発表された。

それでは困る、われわれ電力会社に都合の悪い報告書を使わせないようにしよう――ということで、電力会社側は二億円近いお金（研究費一億八三七八万円、委員会経費一三五〇万円）を出して、土木学会に津波の調査や研究（「津波評価技術の体系化に関する研究」）をしてもらうことにした。

そして、この調査研究の事務局を担《にな》う電力会社の社員らも執筆に加わり、自分たちに都合のよいことを書いた。予測しうる最大級の津波でなく、記録に残っている過去の津波の高さだけに備えるようにしたのである。

こうして出来上がったのが『津波評価技術』であった。そして電力会社サイドは、自分たちに都合の悪い『四省庁報告書』を使用せず、『津波評価技術』を使うようにしたのである。

二〇〇二年二月に本となった『津波評価技術』は、すぐに役に立った。刊行から半年後の八月五日、東京電力の高尾さんたちが、まさにこの『津波評価技術』を使って保安院の要求を蹴ったのである。

# 第二章

# 不都合なる津波評価

## 『津波評価技術』

政府の委員会が、日本海溝沿いのどこでも津波地震が起こりうる、と警告した。しかも、日本海溝沿いにある福島第一原発は、最大級の地震による津波が来た場合、危ないことはわかっていた。

それでは不都合だということで、電力業界のお金で『津波評価技術』がつくられたのではないかと思うのは、私だけではないだろう。東京電力はこの本を論拠に、福島県沖〜茨城県沖には津波地震が起こらない、と主張したのである。あきれた抗弁である。

前章で述べたように、東京電力の高尾さんたちは、『津波評価技術』（正式名称は『原子力発電所の津波評価技術』）という本を使って保安院の要求を蹴った。

この本をつくったのは、土木学会の津波評価部会（土木学会原子力土木委員会津波評価部会）である。電力会社側が二億円近いお金を土木学会に出して、津波の調査や研究をしてもらった成果だ。

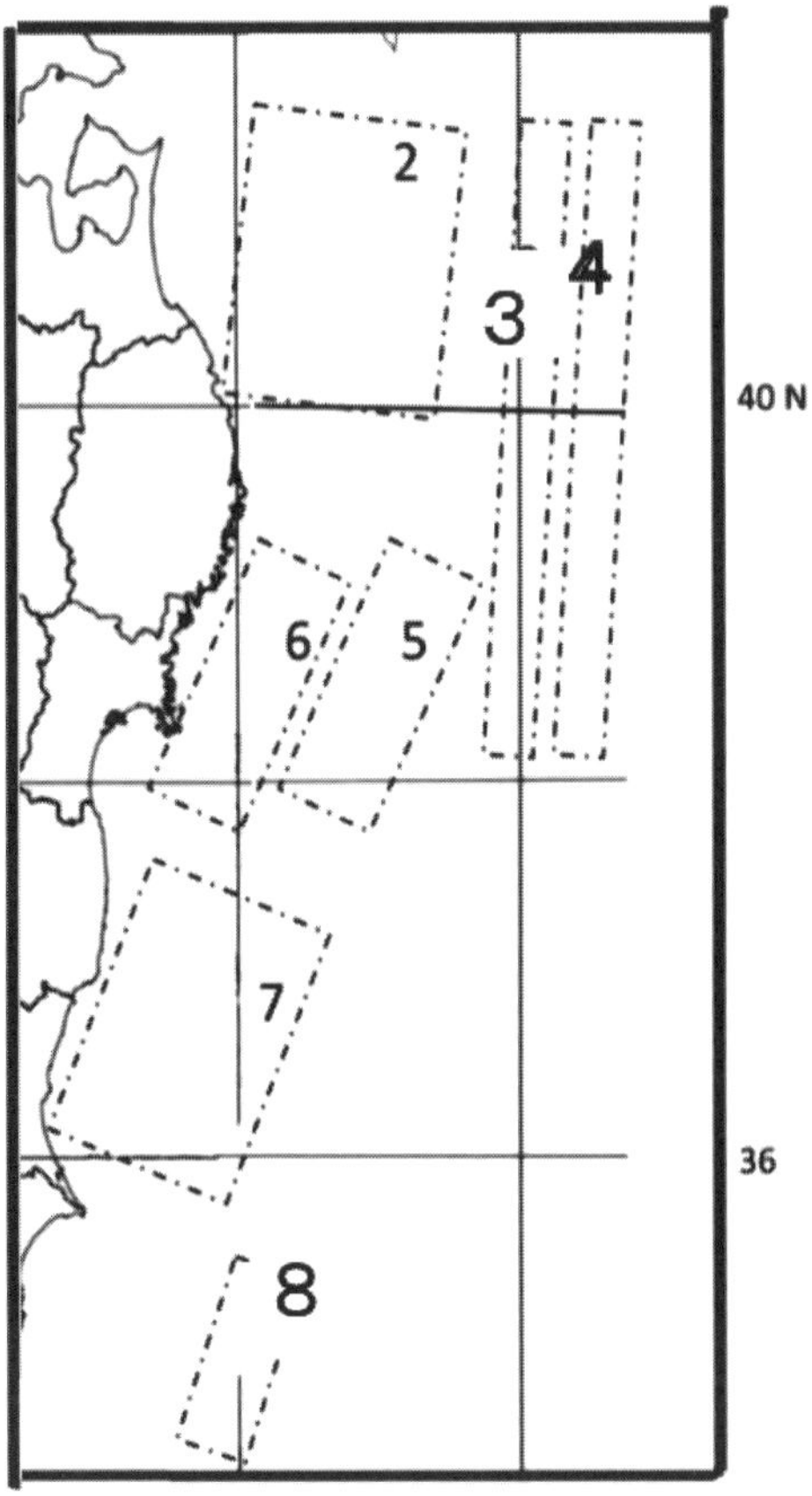


津波地震が発生する位置：番号３と４と８で示す点線部分
（『津波評価技術』本編参考資料一に基づく）

土木というと、道、橋、トンネルなどが頭に浮かぶが、港をつくるのも土木の仕事だ。津波から私たちを守る防潮堤も土木の仕事で、土木学会では津波の調査や研究も行う。津波評価部会の委員は、大学の先生ばかりではなかった。電力会社や電力に関係する会社の人たちも、委員になっていた。会の幹事は、電力会社や関係する会社の人たちが務めていた。

東京電力の高尾さんも、この津波評価部会の委員であり、幹事でもあったのである。

土木学会によれば、『津波評価技術』は原発で備えなければならない津波の高さを、提案したものだそうだ。前の章で書いたように、津波がどのように伝わるか、伝わることによって津波の高さがどのように変わるのか、その当時最も進んだ計算のやり方が載っている。

しかし、どこで津波地震が起こるのかに関しては、十分に議論されていない。「過去に津波地震が起こった場所で、また津波地震が起こる」という主旨になっている。津波評価部会の事務局、すなわち電力関係者が都合よく書いたと思われる。

過去に発生した場所というのは、正確に言えば、過去四百年の間に、「津波地震が発生した」という記録が残っている場所のことだ。

たとえ過去に起こっていたとしても、記録が残っていなければ、起こらなかったことになってしまうのである。

記録が残っている津波地震の場所は、図の番号3と4と8の点線内の部分だ。福島県沖で津波地震が起きた記録はない。これは東京電力に都合がいい。福島県沖の番号7の地震は、大きな津波を起こす津波地震ではないからだ。

津波評価部会は一九九九年度と二〇〇〇年度において、合わせて八回会合を開いている。最後は二〇〇一年三月二十三日である。その後、報告書をまとめた本が出るまで約一年かかった。

『津波評価技術』は書籍化されたといっても、書店に並んだわけではないので、普通の人が読んだり買ったりできる本ではなかった。普通の人が読めるようになったのは、3・11大津波の後である。問い合わせが多くなり、土木学会は対応に追われるようになった。そのため土木学会のサイトで公開されたのだ。私もその時はじめて、津波評価部会と『津波評価技術』の存在を知った。

津波評価部会の議事録は、公開されていない。だからどのような議論があったのかはわからない。

しかし、世間一般の人々は、「津波評価部会は偉い先生が集まる委員会だから、『津波評価技術』も信用してよいものだ」と思うだろう。

まさか、『津波評価技術』の一部を、電力側の幹事ら事務局が勝手に書いたなんて、誰も想像できないに違いない。

## 東京電力に都合の悪い海溝型分科会

『津波評価技術』が本となった二〇〇二年二月の後で、東京電力に都合の悪いことがまた起こった。地震本部の委員会で津波地震が議論され、五月には案が完成。その内容は、「日本海溝沿いのどこでも、つまり福島県沖でも、明治三陸地震と同じような津波地震が起こる」というものだったのだ。

東京電力に都合の悪いこの案は、海溝型分科会でつくられた。この分科会には、『津波評価技術』をつくった津波評価部会の委員も選ばれていた。前章で触れた、裁判で重要な証言をした佐竹健治さん（産業技術総合研究所活断層研究センター地震被害予測チーム長・当時）と東大地震研究所教授の阿部勝征さん（故人）である。

第一回の地震調査委員会の海溝型分科会は、最後の土木学会の津波評価部会の二週間後、二〇〇一年四月六日に開かれた（48ページの年表）。津波地震の議論は二〇〇一年十月に始まり、二〇〇二年五月に海溝型分科会の案ができた。

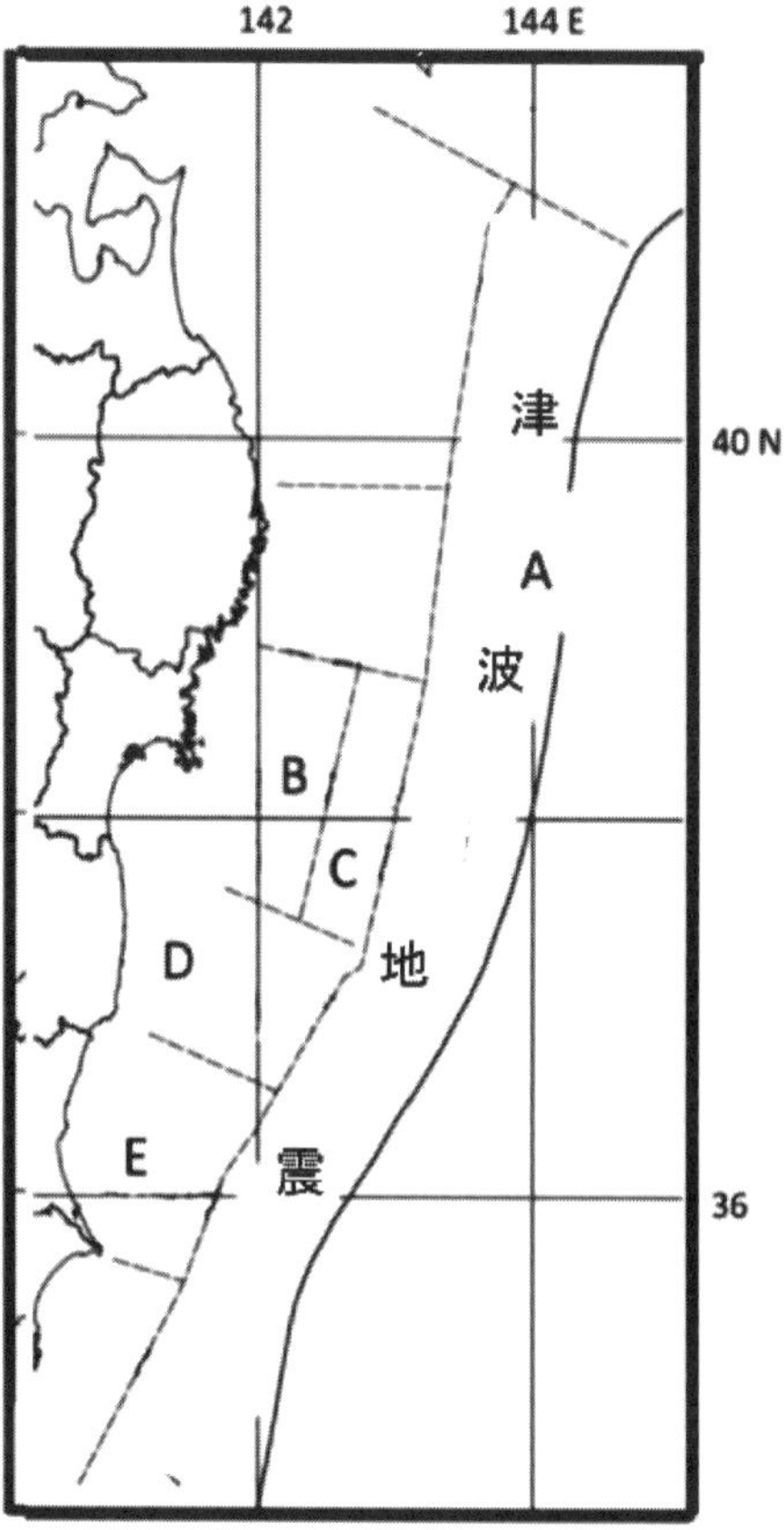


「長期評価」が示す津波地震が起こる場所：日本海溝に沿う部分

この間、二月に、『津波評価技術』が書籍化されている。

**津波評価部会の開始から「長期評価」の発表までの年表**

一九九九年　十一月五日　第一回津波評価部会
二〇〇一年　三月二十三日　最終回津波評価部会
　　　　　　四月六日　海溝型分科会発足
　　　　　　十月二十九日　海溝型分科会で「長期評価」検討開始
二〇〇二年　二月　『津波評価技術』刊行
　　　　　　五月二十四日　海溝型分科会で「長期評価」案
　　　　　　七月十日　地震調査委員会で「長期評価」承認
　　　　　　七月三十一日　「長期評価」発表

『津波評価技術』は「長期評価」と大きく違っていた。『津波評価技術』では、福島県沖に津波地震を考えなくてもよいことになっている。一方、「長期評価」は日本海溝沿いのどの地域でも津波地震が起こると警告している。

前の章で書いたように、地震本部は阪神・淡路大震災の反省からつくられた政府の組織である。この分科会は長期評価部会の下にあり、日本海溝や千島海溝、南海トラフや相模《さがみ》トラフなど、海の地震の予測を行っている。陸の地震は、三つの活断層分科会の担当だ。ここでいう「長期評価」とは、長期予測のことだ。

長期予測というのは、何月何日にどのような地震が起こるかを予知するのとは違う。今後数十年から数百年の間に、最も起こりやすい大地震について調べることだ。どの程度大きな地震なのか、マグニチュード（M）は、そしてどこの場所に起こるのか、起こりやすさはどうなのか、等々を調べる。分科会で検討した結果を、長期評価部会で議論し、さらに上の委員会である地震調査委員会で検討する。そこで承認されると、地震調査委員会の名前で発表となる。

**地震調査委員会組織表**

地震調査委員会
　―長期評価部会
　　―海溝型分科会
　　―西日本活断層分科会
　　―中日本活断層分科会
　　―北日本活断層分科会

海溝型分科会が揉めたということはなく、十分な時間を使って意見交換ができた。それぞれ違うことを専門にする研究者が集まって、皆が賛成する長期予測がまとまった。この分科会の主査であり、長期評価部会の部会長であった私は、そう断言できる。

佐竹さんは、前章で言及した谷岡・佐竹論文について、一言も会議で触れなかった。もし、谷岡・佐竹論文が津波地震の発生場所を示すものならば、この会議で紹介していただろう。自信を持って他の委員に紹介し、津波地震の発生場所の議論をリードしたに違いない。海溝型分科会の会議では、津波評価部会の話はまったく出なかった。佐竹さんと阿部さんは別にして、私以外の海溝型分科会委員も誰一人、津波評価部会や『津波評価技術』のことを知らなかったと思う。

## 地震と津波の専門家たちの関係

少数の専門家が、それぞれの専門に関係する委員会の委員を、長期間務めることはよくある。津波評価部会の委員で、海溝型分科会の委員でもあった阿部さんや佐竹さんは、前章で触れた『津波災害予測マニュアル』を作成する委員会（津波災害予測マニュアルに関する調査委員会）のメンバーである。

この委員会は、東北大災害制御研究センター教授の首藤伸夫さんが委員長だった。首藤さんは、津波評価部会の主査も務めていた。

首藤さんは一九九五年から二〇〇一年まで、新しい原発を建設していいかどうかを調べる通産省の顧問（原子力発電技術顧問）だった。阿部さんはもっと早く、一九九〇年から顧問だった。原発の審査で重要な役目をしたことは後で書く。阿部さんは、保安院がものごとを決めるときに意見を出す審議会（経産省総合エネルギー調査会原子力安全・保安部会）の委員だった（二〇〇一年から二〇一二年）。経産大臣から、これこれについてはどう思うかときかれ、それに答える立場にある。二〇〇一年一月二十六日には「昨今の環境変化を踏まえた今後の原子力の安全確保及び電力の保安の在《あ》り方はいかにあるべきか」と経産大臣が阿部さんたちに意見を求めている。前章で名前を挙げた、保安院の川原修司さんたちから見れば、阿部さんは偉く見えただろう。

谷岡・佐竹論文は米国のミシガン大学助教授だった佐竹さんと、院生だった谷岡勇市郎さんとが書いた。佐竹さんは谷岡さんの先生で、谷岡さんの博士論文は、佐竹さんが指導した。

裁判で佐竹さんと同様の証言をした（前章参照）、東北大大学院工学研究科教授の今村文彦さんも、津波評価部会の委員だった。今村さんは東北大首藤研究室の出身である。首藤さんは今村さんの先生だった。

佐竹さんは北海道大学の阿部研究室で修士課程の大学院生だった。阿部さんは、佐竹さんの先生だった。佐竹さんはまた、東大地震研究所の私の研究室で博士課程の大学院生だった。実を言うと、私は佐竹さんの先生だったのである。

阿部さんと私は、東大理学部地球物理学科の同級生だ。神戸大学都市安全研究センター教授の石橋克彦さんも一緒であった。石橋さんは3・11大津波を予見して、「原発震災」という言葉をつくった人であり（石橋克彦「原発震災　破滅を避けるために」、『科学』、一九九七年十月号、七二〇～七二四ページ）、国会事故調の委員も務めた。

## 『津波評価技術』と「長期評価」

やや専門的な説明を以下で書く。飛ばして次の章を読んでも、話はつながると思う。『津波評価技術』も「長期評価」も、同じやり方で津波地震を予測した。それなのに、どうして予測の結果が違うのかを説明したい。

そもそも大地震の予測には、二つのやり方がある。一つ目は、次のような方法だ。日本の地震活動は活発で、大地震が繰り返し起こっている。だから、繰り返しの間隔を利用して、次の大地震が起こる時期を予測するのである。

例えば、この地域では西暦千七百年、千八百年、千九百年に地震が起きたから、次に発生するのは二千年頃だろう、と予測するのだ。

しかし、日本でも繰り返しの間隔が長い地震がある。つまり、滅多に起こらない地震である。例えば千年おきに発生するような地震は、記録の残っていない時代に起きているから、間隔を使って予測することは難しい。

そういう場合に、二つ目の方法をとる。同じような大地震が起きる地域を広い範囲で捉えて、そこを基準にして考えるのだ。このような地域を、地震地体構造が同じ地域という。

かつて、地震地体構造としては、過去の動きを示す地層の特徴などが使われていた。しかし、それが本当に大地震を起こす構造なのかどうか、問題として残されていた。

一九六〇年代末になって、大地震などの地球表面の動きは、プレート・テクトニクス理論によって説明できるようになった。

大地震が起こる仕組みがわかったのである。これを利用すれば、同じような大地震を起こす広い領域がわかる。予測の精度も上がったのだ。

大地震は、以上の二つのやり方で予測ができるのである。繰り返しの間隔を使う方法と、同じような地震が発生する地域を使う方法だ。津波地震の予測には、後者が使われている。『津波評価技術』では予測の精度が低い、プレート・テクトニクス理論以前の古い地震地体構造の考え方が使われた。

また、過去の地震活動を重視しすぎてもいる。その結果、「過去に津波地震が起こった場所のみで、津波地震が起こる」と結論したのである。

だが、『津波評価技術』がよりどころとした「過去」は四百年に過ぎない。繰り返しの間隔が長い地震は、大昔のことで記録がない。「過去」に起こっていない。しかし、「記録がないから地震が起きない」とされた場所で、大昔に大地震が起きていたかもしれない。

大地震が起こった場所で対策をしたら、起こった記録がない場所で次の大地震が起こった。このような悲劇が繰り返されて、人々は学んできた。大地震が起こった場所だけでなく、同じような地震が発生する広い地域で、次の地震に備えなければいけないのだ。『津波評価技術』をまとめた人たちは、そこがわかっていないのである。

一方、「長期評価」の津波地震の予測には、プレート・テクトニクスが使われている。予測の精度が高い、新しい方法を採用したのだ。

そのやり方で世界中をみると、プレートが沈み込む場所の近くで津波地震が起こることがわかる。そのため日本海溝沿いの海域を、津波地震の発生場所としたのである。この海域ではどこでも特殊な地震が、日頃ふつうに起こっている。それは激しい揺れがない地震だ。いわば、ゆらゆらとゆっくり揺れる。このゆらゆら揺れる地震の親玉が、津波地震だと考えられているのである。

# 第三章

# 発表を事前につぶす動き

## 内閣府の圧力

二〇〇二年七月、「長期評価」が完成した。すると、なんと防災担当大臣が、それを発表することに反対した。

地震本部事務局に圧力をかけ、前がきに一段落を入れさせたのだ。津波地震の警告をつぶそうとする内閣府からの圧力は、この後も続いていく。その経緯を述べよう。

内閣府の防災担当大臣が「長期評価」の発表に反対した。文部科学大臣へ、申し入れをしたのである。おそらく、「長期評価」の発表について、どうして欲しいか内部で話したのだろう。そして部下の役人たち（内閣府の防災担当、以下内閣府防災担当）が、文科省の地震本部事務局へ圧力をかけた。発表を見送れという圧力である。

内閣府防災担当は、中央防災会議の事務局となっている。中央防災会議は総理大臣（当時、小泉純一郎さん）が議長である。日本の防災の元締めだ。

内閣府からの圧力に地震本部は抵抗した。「長期評価」の内容を変えずに発表した。しかし内閣府は、報告書に一段落を入れさせた。その一段落とは、対策をしなくても良い、と読むことができるものだった。

消防や警察など、防災のために働く人たちや普通の人々に、地震のことが十分伝わっていなかった。これが一九九五年の阪神・淡路大震災の反省だ。この反省からつくられたのが、地震本部である。その地震本部の発表について、内閣府防災担当があれこれ言う。どう考えても通常のこととは思えない。所轄外の大臣が関係するのは、一般的なことではないだろう。

この騒動の背景はわからない。が、私は、いわゆる「原子力ムラ」が関係していたのだと思う。

## 原子力ムラの掟

原子力ムラ――。

不意にそういわれても、何のことかわからない方もいるだろう。要するに、原発で利益を得ている集団のことだが、「ムラ」などという表現を使うと、どこか荒唐無稽な印象を与えてしまうかもしれない。私自身、その全体像が明快に見えているわけでもない。

だが、原子力ムラというのは確実に存在する。

専門家が集まって、「ここが危ないから注意しろ」という報告書をつくった。それを発表しようとしたら、こともあろうに防災担当大臣が止めにかかる……こんなことは、およそ常識では考えられない。が、私は地震本部ほか、二十年近く政府機関に関係してきたが、他にも原発がらみで不思議なことがちょくちょくあった。こうした不可解な事態を読み解く際、「原子力ムラ」を補助線にして考えると、多くの疑問が氷解していくのである。

幸い、原発に関する著作もある弁護士の河合弘之さんが、原子力ムラの相関図を上手にまとめてくれている。

河合さんは、数々の経済事件で活躍してきた一方で、三十年に渡って脱原発活動を展開してきた弁護士だ。自ら監督を務めた脱原発映画も複数ある。

河合さんによれば、原子力ムラの実態は次のようなものだ **(12から13ページの図参照)**。

「ムラの真ん中に位置するのが電力会社です。電力会社は燃料の仕入れで商社を儲けさせ、発電所の工事などでゼネコンを儲けさせる。原発は金属を大量に使うから、鉄鋼会社も儲かります。それぞれの会社には下請けがいて、労働者がいる。こうした企業群を支えるのがメガバンクです。

電力や鉄鋼といった大企業の意向を代弁するのが経団連。大学や御用学者は、都合のよい話をする見返りに、研究費を得たり、学生の就職の世話をしてもらったりしています。さらに、広告費というアメでメディアを動かし、原発反対運動を抑え込む。

他方、電力会社などに天下っているのが経済産業省の役人です。電力会社から献金をもらったり、電力系労組の支援を受けたりする、〝電力族〟ともいうべき政治家もいる。政治家や企業の周囲には、フィクサーのような存在がちらつくこともありました。

原子力ムラとは、このように政官業が絡み合う、コングロマリットのごときものなのです。日本政治のおよそ六、七割、経済やメディアの五割くらいは、原子力ムラと関係しているのではないでしょうか。

しかも厄介なのは、ムラの住人が入れ替わることです。主《ぬし》みたいなのが一人で仕切っているわけではなく、ポストの異動で出たり入ったりする。やり手の官僚が主のようになっていた時期もありましたが、彼とてずっと中心に居続けるわけではない。

ただ、住人は入れ替わっても、ムラの根底に存在するものは変化しません。それは、原発を推進しなくてはいけない、という空気。組織としての慣性。「今だけカネだけ自分の会社だけ」という意識です」

私がとりまとめた「長期評価」は、ムラの住人たちの逆鱗に触れてしまったのだろう。

この後も、圧力は続く。

そして津波地震の警告は次第にゆがめられていくのである。

## 「発表内容を変える」内閣府からの突然のメール

二〇〇二年七月三十一日に「長期評価」が発表された。

その中で、私たちは、「交通事故にあうのと同じくらい起こりやすい、津波地震の起こる可能性は三十年以内に二〇％である、三陸沖から房総沖へかけて日本海溝のどこかで起こる、どこで起こるかはわからない、日本海溝沿いのどこでも起こるのだ、揺れは弱いが高い津波に襲われる……」と、津波地震を警告した。

発表の前から、この情報をつぶそうとした人たちがいたようだ。その動きが、内閣府防災担当からの圧力となってあらわれた。圧力がかかったのは、文科省の事務局だ。地震本部事務局（文科省研究開発局地震調査研究課）である。

内閣府は、総理大臣を助けるのが役目だ。重要な仕事を扱っているが、そのひとつが防災である。当時、防災担当大臣（二〇〇一年四月二十六日〜二〇〇二年九月三十日、第一次小泉内閣）は、村井仁さんだった。村井さんはその後（二〇〇六〜二〇一〇年）、長野県知事を務めた人物だ。

内閣府から地震本部への圧力を私が知ったのは、「長期評価」発表五日前の金曜日だった

（二〇〇二年七月二十六日）。「発表内容を変える」というメールを、地震本部事務局の前田憲二さん（地震調査管理官）からもらったのだ。突然のことで驚いた。前田さんは気象庁から文科省の管理官になっていた人で、メールの送り先は地震本部の三人だった。地震調査委員会委員長の津村建四朗さん（日本気象協会顧問）、同委員長代理の阿部勝征さん（東大地震研究所教授、第二章）、そして、長期評価部会長の私である。

このメールには、別のメールが付けられていた。前日の七月二十五日、内閣府防災担当から前田さんに送られたメールだ。そのメールには文書が二つ付いていた。「三陸房総評価文表紙」（以下「前がき」）と「三陸沖から房総沖にかけての地震活動の長期評価について」（内閣府文書）である。この内閣府文書は次の章でくわしく説明する。なぜ内閣府が圧力をかけたのかがわかる。

メールには「長期評価」の前がき（表紙）を変えると書いてある。普通、前がきには、発表になるまでの出来事を簡単に書く。「長期評価」もそうだった。ところが、そこに妙な一段落が加わっていた。それまで委員会で全く見たことがなかったものだ。私は一目見て、これはおかしいと思った。

〈なお、今回の評価は、現在までに得られている最新の知見を用いて最善と思われる手法により行ったものではあるが、データとして用いる過去地震に関する資料が十分にないこと等による限界があることから、評価結果である地震発生確率や予想される次の地震の規模の数値には誤差を含んでおり、防災対策の検討など評価結果の利用にあたってはこの点に十分留意する必要がある。〉

「長期評価」の内容は、最新の資料にもとづいて、最も良い方法で調べられた結果である。しかし、過去の地震の資料が不十分であることなどの限界がある。

このため、地震の起こりやすさや大きさは、数字そのままではなく、ぶれることがある。防災対策を考える時など、内容を利用する際には、結果がぶれることを十分考えなければばいけない……というのである。

「長期評価」に限界があるのは当然だ。これから起こる地震が正確にわかるなら、調査も研究もいらない。

限界はあるが、皆で知恵を集めて防災に役立つ情報をまとめてきた。委員が専門としている得意分野は、皆違う。違う人々が、同じ目的のために、一緒に知恵をしぼって考える。そのような委員会はこれまでなかった。

互いに知らなかったことを学び、思いもかけない進展があり、新しい見方が生まれることもある。

そのような話し合いを経て得られた結論に対し、「利用にあたっては……十分留意」とはどういうことか。対策をしなくとも良いのか。「長期評価」に泥をぬられたと私は感じた。

翌日は土曜日で、私は外出した。当時の手帳に「課長（文科省地震調査研究防災課・須田秀志さん）よりＴＥＬ」との書き込みがある。留守のため、帰宅後こちらから電話したのだ。

私は電話で須田課長に、前がきに、先の一段落を入れることに反対した。「反対です。課長さんが了承し、行政的な権限で公表することについて、私が物理的に止めることはできませんのでしようがないと思いますが、発表した後でも、あくまで反対です」

電話はそれで終わったが、私は八月になったら続きをやろうと思っていた。喧嘩はこれからだ、と。

ところが須田課長は八月一日付で異動してしまう。私は肩すかしを食った気分になった。発表直前に、委員会で見たことも無いものがはいるなんて、おかしいとも思った。新たに挿入される文章の裏に、悪意を感じたのだ。だが当時の私は、背後に深い闇があることには気づいていなかった。

## 上から目線の内閣府に抵抗する地震本部

内閣府と地震本部とのメールのやりとりは、のちにジャーナリストの木野龍逸さんが明らかにした（「長期評価の発表を防災担当大臣が「懸念」し修正を要求」、レベル七ニュース、二〇一八年九月一日）。木野さんは、通常は見ることができない文書の内容を示すようにと、文科省に開示を求めた。そして皆が読めるように公開した。

木野さんによると、内閣府防災担当は、大臣の村井仁さんが大変気にしていることを、文科省に伝えたとのことである。文科省へのメールに、「当方の大臣も、あやふやな情報を社会に公表して無用の混乱を生むということについて、非常に懸念」しているとある。いい加減な情報を流すなというのだろう。

まず内閣府から地震本部への圧力電話があった。

その後、防災担当大臣が非常に気にしていて、問題にしたとのメールが送られる（二〇〇二年七月二十三日（火））。これは、私が地震本部事務局からメールを受け取る三日前だ。それから、七月二十六日（金）午前〇時まで、内閣府と地震本部のやり取りが続いた。私宛のメールは二十六日、前がきに一段落入れることが決まった後だった。文句を言おうが何をしようが、もう変えられるはずがなかった。電話は、ていねいな対応の一つだろう。

自分たちで勝手にやった時は、無視した人に対し、ていねいに接する。対応を完全にして、文句をつけられないようにする。

「前がきに一段落を付けたことは、お話してあります」。この一言を言うために、電話をかけてきたのだろう。

内閣府と文科省のやりとりに戻る。

七月二十五日午後五時三十五分のメールは、内閣府の齋藤誠さんが、地震本部の前田憲二さんへ書いたものだ。その要求は次のとおりだ。


〈内閣府の中で上と相談したところ、非常に問題が大きく、今回の発表は見送り、取り扱いについて政策委員会で検討したあとに、それに沿って行われるべきである、との意見が強く、このため、できればそうしていただきたい。

これまでの調査委員会の過程等を踏まえ、やむを得ず、今月中に発表する場合においても、最低限表紙を添付ファイルのように修正（追加）し、修正版についても同じ文章を追加するよう強く申し入れます。〉

「発表を見送れ」とは強い要求である。

齋藤さんは気象庁から内閣府参事官補佐（地震・火山対策担当）となっていた。上司は参事官の布村明彦さんだ。

また齋藤さんは、地震本部の政策委員会で議論するように、とも書いている。政策委員会には、内閣府政策統括官（防災担当）が委員として加わることになっている。

**地震本部の構成**

地震本部──本部長　遠山敦子文科大臣
　　　　├政策委員会　委員長　伊藤滋　早稲田大学教授
　　　　└地震調査委員会　委員長　津村建四朗　日本気象協会顧問

メールのやりとりは、七月二十五日午後五時三十五分から深夜まで続いた。二十六日〇時十八分で終わった。

内閣府は前がきに、「文部科学省」を入れろと言う。その理由を説明している。

〈一．地震調査研究推進本部というだけでは、その評価結果を防災上使わなければいけないという誤解を与えるおそれがあるので、地震の長期評価は学術的な観点から実施しているものであることをはっきりさせるため、「文部科学省」という省名を入れる必要がある。なお、総理大臣を会長とし、各省大臣が入っている中央防災会議と地震調査研究推進本部とでは、有り様が根本的に異なるものと考える。〉

地震本部（地震調査研究推進本部）の発表というと、防災関係者は対策が必要だと思ってしまう。実際には役立たない、単なる研究の発表にすぎない。だから、文科省と書くように……というのである。中央防災会議の方が、地震本部より上だと言っている。防災は、防災会議のやることだ。下の役所のやることではないと言いたいのだろう。

実際には役立たないという悪口は、後でも言われるようになる。地震本部の名前に「研究」があることから、研究をするだけで実用にはならない、とケチをつけてくるのである。

文部科学省という省名は削られたが、内閣府の要求は、つづく。

〈二．評価に限界があるということは明らかであり、利用に当たっての注意を呼びかけるためにも「限界があり」と書くことが必要である。〉

〈三　評価結果については、防災対策への利用についてが問題となっており、例として防災対策の検討という文語〔ママ〕を加える必要がある。〉

正確な将来予測は難しく、限界がある。だから、防災対策をするかどうかは検討が必要だ。要するに、対策をしなくてもよいと言いたいのだろう。結局、「限界」と「防災対策」への言及は、前がきに残った。

## 大臣どうしの軋轢《あつれき》

防災担当大臣の村井仁さんは、以前から活断層についての地震本部の発表を批判していた。不満が積もって、ついに爆発したという人がいる。

しかし、大臣から大臣への申し入れは、活断層発表への不満とはレベルが違うと私は思う。津波地震の警告となる「長期評価」の発表を、原子力ムラの人たちが邪魔したのだろう。

原発事故を調べた政府の委員会（政府事故調、東京電力福島原子力発電所における事故調査・検証委員会）が、内閣府と文科省とのやりとりを調べている。齋藤誠さんと前田憲二さんに質問をして、その答えを記録に残したのである。齋藤さんと前田さんの聴取結果書は、サイトで公開されている（政府事故調査委員会ヒアリング記録）。前田さんの記録は、名前が書かれていない。でも、刑事裁判の一審での証言から、前田さんの記録だということがわかる。

内閣府の齋藤さんは、文科省とやりとりしたメールについて、「はっきり言って覚えていない」と答えている。前がきの段落についても「この内容自体も、最終的には我々が出したものではなくて文科省さんが作られたもの」と答えた。「最終的には」と入れて、ごまかしたのだ。最初から「この内容自体も」「我々が出したもの」で、最後の直しを文科省がしただけなのだ。木野龍逸さんによって公開されたメールが証拠である。

齋藤さんは、さらに「大臣が大臣に何かを話をしたとかいうことは聞いていて、大臣は正しいし大臣は止められないよな、というようなことを参事官が言っていたのは記憶に残っている」と話している。参事官は、上司である布村明彦さんだろう。大臣が大臣にとは、村井仁・防災担当大臣が遠山敦子・文科大臣に申し入れたことを示す、と思われる。

それを裏付ける政策委員会の記録がある。

〈山本委員　今まで内閣府のいろいろな問題意識は、村井大臣から文部科学大臣にも伝えたと伺っているんですが……〉

山本委員とは、内閣府政策統括官の山本繁太郎さん（故人）のことである。後に、山口県知事（二〇一二～二〇一四年）を務めた人物だ。引用したのは八月二十六日の、政策委員会での発言である。政策委員会は、地震本部の二大委員会の一つ（前節の図　地震本部の構成）。地震の観測・調査などの計画や予算をまとめ、結果の発表方法を工夫する。

なお、政策委員会委員長（伊藤滋さん（早稲田大学理工学部教授））が、内閣府から文書を受け取ったこともわかっている。同じ日の政策委員会で、「これは非常に重要な証拠書類で、政策委員会としては中防（中央防災会議のこと）からいただいた大変貴重な証拠書類として受け止めておきたいと思います」と話しているのだ。

## 津波や地震の警報をゆがめる動き

防災担当大臣の村井仁さんは活断層の発表を批判していた（村井仁のインターネット国会報告）。一方、二〇〇一年十一月の信濃川断層帯の発表を機に、内閣府防災担当は記者クラブに資料の配布を開始。その資料には、地震本部の発表に注意する必要はない、との記述があった。すでに対策は取っているというのである。

二〇〇二年七月の地震調査委員会が終わった後で、伊那谷断層帯と新庄盆地断層帯の発表があった。そして二〇〇一年十一月の場合と同じように、資料が配られた。この時、村井さんの批判が急に強くなったわけではない。

しかし、同じ七月の地震調査委員会で「長期評価」が発表されると、単なる批判とはレベルが違う、「圧力」がかかった。村井防災担当大臣が、発表を中止するよう遠山文科大臣に申し入れをしたのである。

つまり、「活断層」は、大きな問題ではなかったのだ。次の章で証拠を示すが、「津波地震」が大問題だったのである。だから内閣府防災担当が、地震本部事務局に圧力をかけ、前がきに一段落を入れさせたのだろう。さらに、後述する信頼度を付けさせて、津波地震の信頼性を低く見せたと思われる。

なぜ、そこまでしたのか。東京電力の福島第一原発が、津波に弱かったためだと思う。第一章で書いたように、一九九七年『四省庁報告書』の段階で、同原発が津波に弱いことはわかっていた。津波対策を邪魔するために、原子力ムラが動いたのだと私は思う。

邪魔する流れは、さらに、後ほど記す中央防災会議の津波地震の無視へと続いていく。

こうした動きは、二〇〇二年七月の地震調査委員会より前から始まっていたのだろう。第一章で述べたように、東北電力は津波の計算をした。明治三陸津波地震の位置を南にずらして、女川原発への津波対策となるようにした。この計算結果を「長期評価」発表の五日後に、保安院へ報告している。考えてみれば、ずいぶん素早い計算だ。もしかしたら「長期評価」の内容を、発表前から電力関係者は知っていたのかもしれない。

そういえば東京電力も、八月一日の保安院からの要求に、慌てた様子はなかった。報道についての説明なしに、各電力会社へいきなり用件を告げるメールを送っている。

「長期評価」を公表する前に、その内容を電力関係者が知ることは簡単だ。委員会の内容は秘密ではない。いくつかの方法が考えられる。

たとえば、知り合いの委員から教えてもらう。津波評価部会のように、電力会社の社員と大学の先生とが、同じ会議に出て顔なじみになっているからだ。

あるいは、地震本部の職員に尋ねる。地震本部には、電力関連の会社から出向している職員がいるからだ。

保安院の職員から教えてもらう、という方法もある。保安院と地震本部とは人事交流をしていた。そして保安院の職員は、電力会社の社員と知り合いである。知人の保安院職員が、地震本部に異動していたケースもあったかもしれない。

内閣府防災担当は、まず、「長期予測」を信頼できないものとして、発表させずに葬《ほうむ》ろうとした。次に、内閣府の政策統括官が委員となる委員会で検討するように求めた。「長期評価のもつ社会的責任」を考え、発表はひかえるべきだという議論だろう。そうすれば、津波地震の発表がなくなる。原発の津波対策はやらなくてよい、となる。

実際には、「長期予測」の発表を止めることはできなかった。

そして「長期予測」が発する津波地震の警告を、ゆがめる動きが続くことになる。

# 第四章

# 問題は津波地震、それを隠そうとする愚

## 原発は大丈夫か？

私が長期評価部会長として取りまとめた「長期評価」の発表にあたって、内閣府から圧力がかかった。「長期評価」が津波地震の危険性を警告していたためである。だが、津波地震が問題となっているにもかかわらず、それが隠された。なぜ津波地震が問題になっていたことを隠そうとするのか。津波地震の警告を放っておくと、原発は大丈夫かという問題につながっていく。それを恐れたのだろう。だから問題にしているのは一般的な防災対策のことだと言って、津波地震を隠したのである。

内閣府防災担当の圧力は、津波地震の警告を抑えるため、隠すためだった。普通に考えれば、津波地震を問題とする理由はない。しかし、それを問題としたのは、原発が津波に弱いからだ。だから、津波地震が起こるという話は困るのである。

「長期評価」を多くの人たちが知れば、津波地震への対策が大切だと思うだろう。東日本の太平洋岸に住む人たちも、津波対策を考えることになる。そうすれば、必ず原発が問題になる。それは困るという人たちがいたのだ。

実際に、津波地震が問題だったことを示す証拠がある。内閣府文書だ（80から81ページの図参照）。

政府事故調（前章参照）はこの文書を隠した。政府事故調の聴取を受けた人が、内閣府文書を政府事故調に送ったという。それなのに知らんふり。送られた文書はどこに行ったのだろうか。また、政府事故調の委員だった柳田邦男さんは、『文藝春秋』に内閣府防災担当を告発する記事を書いた。そこには内閣府防災担当の圧力が、津波地震に向けられたことが書かれている。それなのに、政府事故調は隠したのである。

公《おおやけ》になると困ることがあるから、内閣府文書を隠し、津波地震の警告を隠した。私はそう思う。

## 問題は津波地震

前の章で、「長期評価」発表直前に、文科省の前田憲二さんからメールをもらったことを書いた。そのメールには二つ文書が付いていた。そのうちの一つが「三陸沖から房総沖にかけての地震活動の長期評価について」（内閣府文書、図）である。

で推定されていることによると思われる。

3．三陸沖北部から房総沖の海溝寄りのプレート間大地震（津波地震）については、実際に地震が発生していない領域でも地震が発生するものとして評価している。他の領域と同様の性質を持った領域としての可能性を考えたものであり、この領域については同様の発生があるか否かを保証できるものではない。

防災対策を考える場合、こうした確固としていないものについて、多大な投資をすべきか否か等については慎重な議論が不可欠である。

4．以上のように、いくつかの仮定のもとに一つの考え方を示すことは構わないが、これらの情報の性質や信頼度等もあわせて、正確に社会に伝わるようにすることが不可欠である。

## [内閣府文書]

平成１４年７月
内閣府(防災担当)

「三陸沖から房総沖にかけての地震活動の長期評価について」

1．地震に関する学術的な調査研究が推進されることは、地震活動の長期評価も含めて、防災機関としても歓迎するところである。
しかし、国の機関として発表する情報については、学会における発表とは異なり、社会からは内容を保証されたものと受け取られ、それに対する対応についても、国、地方公共団体とも無責任ではいられない。

情報の性質や信頼度等もあわせて正確に社会に伝わることが、今日求められる説明責任の根幹であり、地震活動の長期評価のもつ社会的責任と公表の仕方等について政策委員会で審議されるべきである。

2．今回の検討で、三陸沖北部から房総沖の海溝寄りのプレート間大地震（津波地震）等については、ポアソン過程で計算がなされているが、もし、この地震について、100 年前に（過去 300 年のうちに3 回の地震が発生したとして）今回と同じように今後 50 年以内に発生する確率を計算していたとすると約 40%になり、さらにこの想定を基にすると、現時点までの発生確率は約 60%であったこととなる。社会的感覚からすると、地震が発生しないまま 100 年経過すると残事象の発生確率は高くなると考えるのが普通であると考えられるが、現時点での今後 50 年以内の発生確率は今回の発表のように約 30%となる。社会の関心は、いつ頃発生するか等であるのに、数学的に整理をしてはいても社会的には理解しづらいものとなっている。
これらの原因は、数学的手法の問題よりも、極めて少ない情報量日付は二〇〇二年（平成十四年）七月で、内閣府防災担当が書いたものだ。

この内閣府文書を見ると、何が問題だったか明らかである。内容は四つにわかれているのだが、「長期評価」について書かれているのは二と三だ。いずれも津波地震について書かれている。つまり、津波地震が問題だということだ。

一の内容は、前の章で「地震の長期評価は学術的な観点から実施」と、メールに書いてきたのと同じだ。地震本部の発表を、防災に役立たない無責任な発表のように書いている。

地震本部の役割は、法律で「総合的な評価を行うこと」と「評価に基づき、広報をおこなうこと」と規定されている（地震防災対策特別措置法　第七条）。内閣府防災担当は、この法律を無視している。

そして地震本部の発表を、政策委員会でコントロールしたかったのだろう（前章参照）。

内閣府文書の一と四では、「情報の性質や信頼度等もあわせて、正確に社会に伝わるようにすること」が繰り返されている。

そして、信頼度の議論が行われていくことになる。

二と三は、津波地震を問題としている。防災担当大臣が「長期評価」の発表に反対し、文科大臣へ申し入れをしたのは、津波地震が問題だったからだ。私はそう思う。

津波地震の発表について、三の最後で「確固としていないもの」だと決めつけた。そんなものにお金を使って対策することはないと、言いたいようだ。

「確固としていない」理由もあげられている。まず、地震の起こり方の発表について、「社会的に理解しづらい」からだという。起こりやすさの計算についても、文句を言っている。地震の起こり方は、数学であらわすことができるが、それをよく理解していないようだ。

そして、「社会的に理解しづらい」原因は、津波地震の数が少ないからだという。二の最後に「極めて少ない情報量で推定されていることによる」とある。津波地震の数が少ないことは、防災対策を立てるに際し、良くないと思っているようだ。が、それは間違っている。津波地震の数が少ないということは、重要な情報なのである。津波地震が起こる間隔が、長いことを意味しているからだ。

津波地震は日本海溝に沿う地域（第二章の図の津波地震の部分）で起こる。この長い地域は、津波地震が四個はいる広さがある。この地域のどこかで起こる。

過去四百年に三回しか津波地震は起こっていない。この四百年間というのは、江戸時代以降の記録が残っている期間だ。記録に取りこぼしがなく、データが信頼できる期間なのだ。その「信頼できる過去四百年」に、日本海溝沿いの地域で津波地震が三回起こった。これから計算すると、同じ場所で平均して五百三十年に一回、津波地震が起こることになる。

このように、同じタイプの地震が広い地域のどこかで起こるというまとめ方は、普通のやり方だ。悪いやり方ではない。

首都直下地震が起こる可能性が、三十年で七〇%という発表も、同じやり方で計算されている。

「三陸沖から房総沖にかけての地震活動の長期評価について」の三には、「実際に地震が発生していない地域でも地震が発生するものとし」たと述べられている。ここが問題だったのだろう。福島県沖～茨城県沖で津波地震が起こるという発表が、困るのである。津波対策をしたくない人たちは、本当は「そんな発表はウソだ」と言いたかったのかもしれない。

この内閣府文書は、内閣府の圧力が津波地震に向かっていたことを示している。特に、福島県沖～茨城県沖など、過去に津波地震が起こっていない地域が問題となっている。原発の関係者なら、すぐに福島第一原発が頭に浮かんだのではないだろうか。以前から、高い津波に備えなければならなかったことがわかっていたからだ（第一章参照）。

「長期評価」を担当した私は、このような背景がわかっていなかった。ただ、おかしなことが起こっていることはわかった。そのため記憶にとどめるだけでなく、他の人にも知らせようと思ったのである。

それで、あちこちで話した。またこの本を書くことに決めた。

## 内閣府の圧力について話す

内閣府防災担当の「長期評価」への圧力について、私は少しずつ他の人に話してきた。親しい人たちから始め、次第に輪をひろげていった。二〇〇四年十一月、務め先の東大地震研究所内のセミナー（「地震発生の長期予測、科学と社会の接点」）から始めた。

また、名古屋大学（防災アカデミー第一八回「地震惚《ぼ》けの日本人―長期評価十年―」二〇〇六年四月）でも話した。しかし反響はなかった。無視された。

3・11大津波後の二〇一一年五月十二日、日本記者クラブで話す機会があった。地震予知連絡会会長として招かれたのだ。演題は「震災後の地震発生予測」。その様子はユーチューブに残されている。講演開始から三十八分が過ぎた頃、「巨大津波を起こした地震はなぜ予測できなかったか？

実はあと一歩のところで予測できた」と話し、四十八分の頃には「長期評価」の発表について言及した。

内閣府防災担当から圧力がかかったことも述べ、「長期評価」を無視した中央防災会議のことも話した。多くの命が失われたことも訴えた。しかし、メディアは無視した。

ちなみに中央防災会議とは、総理大臣が会長を務め、国の防災対策を決める組織だ。事務局を担うのは、「長期評価」を邪魔した内閣府防災担当である。

3・11大津波後の二〇一一年五月には、十二日の記者クラブに続き、二十五日に学会の招待講演でも話した（地球惑星科学連合大会）。「日本海溝津波地震の予測はなぜ防災に結びつかなかったか？」という題だった。題名どおりの話をしたのだが、その中で、東大地震研究所でのセミナーで使ったスライドを何枚も見せた。講演後、朝日新聞の桜井林太郎記者から取材を受け、私はくわしく説明した。だが、六月一日に出た記事には、「長期予測」も内閣府の圧力も書かれていなかった。

メディアが突っ込んだ報道をし始めたのは、3・11大津波から半年後の二〇一一年九月十一日のことだった。この日、東京新聞朝刊の一面トップに「予測は正しかった」との記事が載った。ウェブ版日本経済新聞にも、「『東北南部で大津波』〇二年予測　政府対策に生かされず」という記事が掲載される。中央防災会議が「長期評価」を採用しなかったことが取り上げられるようになったのである。

これは恐らく、東京電力の津波の「試算」が報道されたからだろう。実は東京電力は、「長期予測」を使って津波の高さを計算したのだが、隠していたのだ。そのことが政府事故調により明らかにされた。八月二十四日、読売新聞が朝刊でスクープしたのである。『アエラ』二〇一一年九月十九日号でも津波と原発の問題が取り上げられた。添田孝史さんが取材して記事を書いた。「津波犠牲者の八割」の陰に「原発の存在」「防災会議」を告発する」という題名だった。

『科学』二〇一一年十月号には、私の論文が載った（「予測されたにもかかわらず、被害想定から外された大津波」）。

『文藝春秋』二〇一一年五月号には、政府事故調の委員だった柳田邦男さんの「原発事故失敗の本質　圧殺された「警告」」が掲載された。これは「奇妙な圧力」、「何を守るのか」、「福島沖海域の抹殺」、「科学の死」と四章にわたる記事で、私も取材に協力した。内閣府防災担当の圧力を告発しており、中央防災会議による「長期評価」の抹殺を、わかりやすく描いた。

## 政府事故調の知らん顔

『文藝春秋』の二〇一二年五月号に柳田さんの記事が出た後、内閣府防災担当だった齋藤誠さん（第三章参照）が、五月二十九日に政府事故調から調べられた。さらに、六月一日には、地震本部にいた前田憲二さんが政府事故調から事情を聞かれた。齋藤さんも前田さんも、圧力は津波地震にかけられたのではない、と答えている。

「ある領域の新しい地震評価はまずい、というようなことはあったのか」と齋藤さんは聞かれた。「多分聞かれると思っていたが、海溝軸沿い領域の津波地震の話で、……過去に起こっていないものについては、それが起こると考えていいかどうかは、議論はしたのだと思う。具体的には本当に覚えていないが」と答えた。

前田さんに対しては、政府事故調が「発表は見送り」と書かれたメールのコピーを示し、「このメールについて添付ファイルがあったようなのだが、我々は入手できていない」と言っている。政府事故調は、内閣府文書を持っていないというのだ。政府事故調は強い調査権限をもっているはずである。なぜ、内閣府文書を持っていないのだろう。実に不思議だ。

政府事故調は「これまで文科省等からいろいろ話を聞いたりしてきた」という（齋藤さんの聴取録）。文科省関係者、齋藤さん、前田さんと聞いてきた。それでも「内閣府文書」を手に入れることができなかったというのである。

後で個人的に前田さんに聞いた。聴取を受けた時は文書がなかったとのこと。文書を出そうとしたが、パソコンの型が変わったのですぐに出せなかったと教えてくれた。後で出てきたので政府事故調に送ったとのことだが、政府事故調に着いた内閣府文書はどうなったのだろう。

過去に津波地震が起こっていない福島県沖などで、津波地震が起こるとの予測。これが問題とされたことは明らかだ。それを示す内閣府文書を、政府事故調は無いことにした。

政府事故調の最終報告には次のように書かれている（本編三〇六ページ）。


〈平成一四年七月の長期評価の取りまとめに当たり、内閣府防災担当部局の要請により、その前文に「なお、今回の評価は、現在までに得られている最新の知見を用いて最善と思われる手法により行ったものではあるが、（中略）防災対策の検討など評価結果の利用にあたってはこの点に十分留意する必要がある。」という一文が加えられたが、内閣府が文章追加を要請した理由は、全国の様々な場所での地震の長期評価結果について、それまで評価の根拠となるデータの質・量によらず同様の書き方がなされていたところ、地震発生確率等の数字には確度の高いものとそうでないものがあるということを区別すべきではないかという一般論的な問題意識によるものであった。なお、当該前文は、特に三陸沖北部から房総沖の海溝寄り領域における津波地震の発生可能性等の確度について言及したものではない。〉

内閣府防災担当が、「長期評価」の前がきに一段落を入れさせたことを認めている。しかし、それは津波地震の予測が不確か（内閣府文書）だからではないという。一般的に、発生確率の数字が精度良く求まっているものと、そうでないものとの区別が必要だからだと説明している。内閣府文書を読んだことがない、という振りをしている。

前に書いたように、政府事故調の委員の柳田邦男さんが、『文藝春秋』で、内閣府防災担当の圧力を告発した。それなのに、そのことが書かれていない。政府事故調で何があったのだろうか？

政府事故調には地震の専門家も加わっていた。第二十四代京都大学総長の尾池和夫さんだ。後に顔を合わせた時、島崎君すまないな、との一言があった。

政府事故調は途中で変わったようだ。追及していくうちに、政府自身が追及される立場となり、急に方向転換したのだろう。

自らの過ちを認めないことが、日本政府の最大の過ちの一つだ。私はそう思っている。

## 「長期評価」後の地震調査委員会のタブー

「長期評価」が二〇〇二年七月三十一日に発表され、八月八日に地震調査委員会が開かれた。

この日、私は休暇中だったため、欠席した。

この時の委員会で、津波地震はどのように扱われたのだろうか。やはり、ここでも津波地震は隠されていたのだ。「津波地震」という言葉は一度も使われなかったのである。「長期評価」に関連する議論はあった。越後平野の東縁にある活断層帯についての議論だった。新潟県の調査が不十分で、結論はあいまいであった。これに関連して、委員長代理の阿部勝征さん（第二・三章参照）が、あいまいなほど地震発生の可能性が高いと言う。あいまいな結果だと、起こりやすさもあいまいになってしまう。値の幅が広いときには危険な方の値をとるから、起こりやすいことになるのだ。

防災対策の立場から見ると、これが不満なのだという。信頼度が高ければ問題はない。しかし、値があいまいなほど起こりやすくなるというのでは、問題だ。三陸沖から房総沖へかけての「長期評価」も同じだと、阿部さんは言った。さらに、「長期評価」の前がきに加わった部分は、防災対策をしなくても良いとも読めると言うのである。

海溝型地震では津波が重要だと言ったのは、北海道大学大学院理学系研究科教授の笠原稔さんだ。それに対して、津波については省庁連絡会（津波対策関係省庁連絡会議）がやっていると、事務局から答えがあった。答えたのは横田崇さん（気象庁地震火山部管理課地震情報企画官）だ。まるで、内閣府防災担当の回答のようだった。

「長期評価」の発表のとき（七月三十一日）、内閣府防災担当から記者発表資料が配られた。そこには次のように書かれていた。

〈今回発表された評価結果については、津波対策関係省庁連絡会議等において、評価結果の内容、信頼度を吟味した上で、必要な防災対策を検討し、関係道県等と相談して必要な対策を推進していく。〉

津波対策の省庁連絡会が「信頼度を吟味」するというのだ。地震本部の発表に対し、その内容が信頼できるかどうか、調べるというのである。省庁連絡会は地震本部より上なのだと、地震本部を見下しているようだ。

横田さんは二〇〇二年の四月から、地震本部の事務局に加わった。三月までは気象庁の防災企画調整官だった。内閣府防災担当とともに、中央防災会議の委員会（「東海地震に関する専門調査会」や「東南海、南海地震等に関する専門調査会」）で資料の説明を担当。これらの委員会での地震の強い揺れや津波の計算に深く関わっていた。後に内閣府参与を務めた。

横田さんが関係した委員会では、「津波地震」と言う言葉は一度も使われなかった。九月の地震調査委員会でも、「津波地震」という言葉は二度使われただけだった。津波地震の危険性が広く認識されたら困る、原子力ムラに忖度《そんたく》したのだろう。

内閣府の文書は、地震調査委員会委員長の津村建四朗さんと委員長代理の阿部さんにもメールで送られていた。津村さんも阿部さんも、津波地震のことをよく知っている人たちだ。津波地震の危険性を、考えていないはずがない。しかし、なぜか二人とも、津波地震が問題だとは言っていないのである。

これもまた、原子力ムラに忖度したのだと思わざるをえない。

# 第五章

# 津波や地震に備える必要がない、とは

## ねじ曲げられた「長期評価」

内閣府の防災担当は、津波地震のうち、明治三陸地震だけに備えれば良い、とした。このため「備える必要がない」とされた地域で、多数の人々が3・11大津波の犠牲となった。

「長期評価」の発表を止めようとした内閣府防災担当は、一般の人向けの防災対策までねじ曲げるという、とんでもないことをしたと思う。前の章では、津波地震が問題であることを隠す動きについて書いた。この章では、内閣府防災担当の強引な会議の進め方について述べていく。津波地震への注意を喚起することが、どれだけ問題だったのか。そのことがよくわかると思う。

原発の災害は、深刻な結果をもたらす可能性が高い。だから原発の防災対策は、通常の防災対策より厳しい。津波地震の対策が必要だとなれば、原発も当然、津波地震に備えなければならなくなる。これを防ぐには、一般向けの防災対策において、津波地震対策は必要ない、としなければならない。

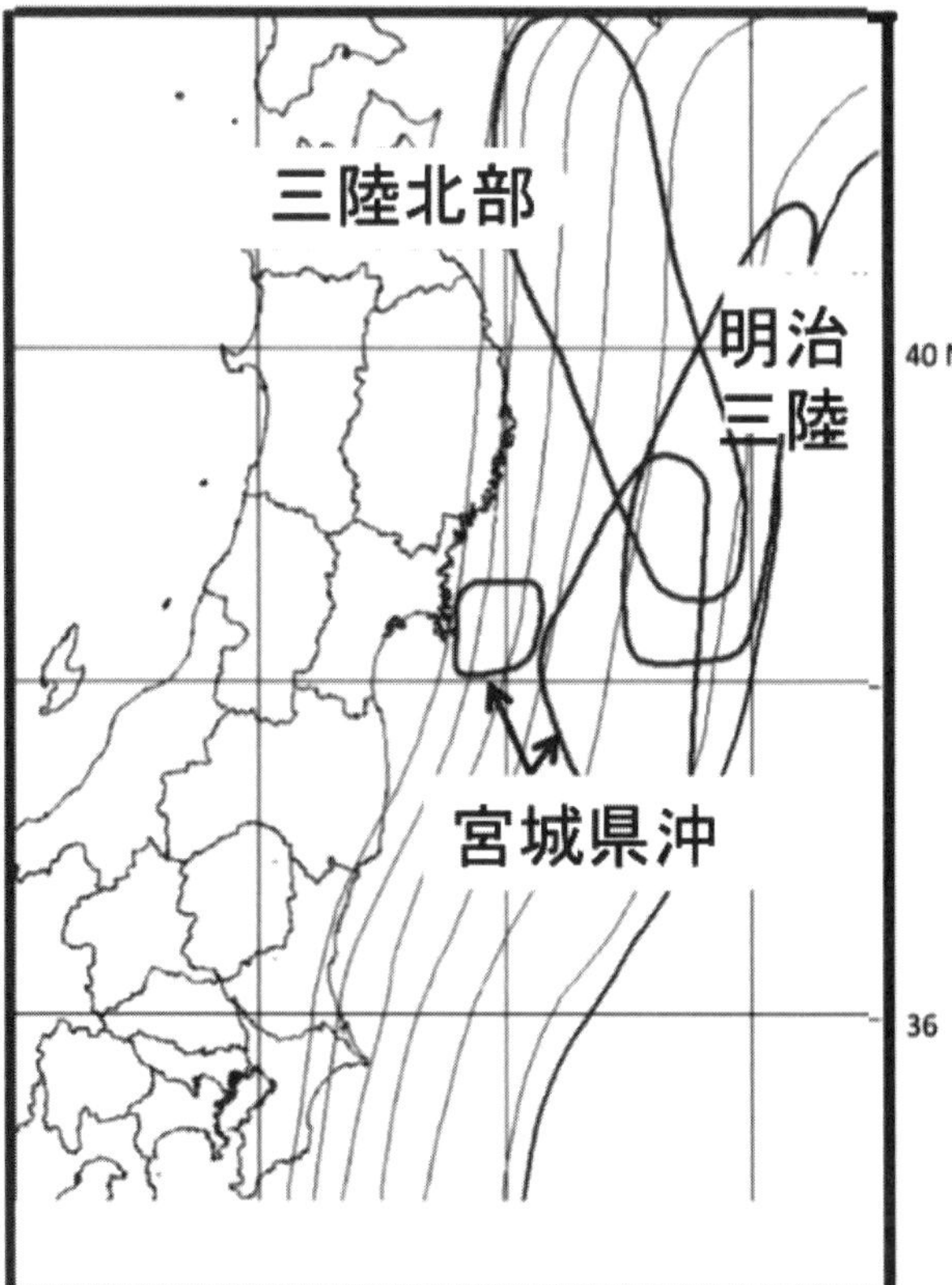


対策をすべき三地震(中央防災会議による)

このために国の地震防災計画は、ねじ曲げられてしまったのだ。

私はそう思う。

原発裁判では、津波地震に備えなくても良いとした判決があった。その判決理由に、国の地震防災計画が挙げられることがある。

しかし、実際は逆だと思う。原子力ムラが内閣府防災担当を使って、国の地震防災計画から福島県沖の津波地震を除かせたのだ。私はそう思っている。


このねじ曲げられた防災計画によれば、東北~関東の太平洋岸で対策が必要なのは、北から三陸北部地震、明治三陸地震（津波地震）、宮城県沖地震の三地震だ。明治三陸地震より南では、津波地震対策は必要ないとしたのである。つまり、内閣府防災担当の計画によれば、大地震は津波に弱い福島第一原発を避けて起こることになっているのだ。東京電力にとって、都合のよすぎる計画である。

一方、福島第一原発近海でも津波地震が起こる可能性がある、と警告した「長期評価」はねじ曲げられた。

その結果、多数の方々の命が失われた。

その責任は、未だ追及されていない。

## 中央防災会議

中央防災会議（首相が議長を務める日本の防災の元締め）は、歴史が古い。一九五九年の伊勢湾台風がきっかけとなってつくられた組織だ。台風のひどい被害のため、法律（災害対策基本法）ができ、すべての都道府県に防災会議がつくられたのである。その上に、中央防災会議がある。国としての対策を決め、防災基本計画として発表するのだ。会長は総理大臣である。防災担当大臣をはじめとして、全大臣が委員を務める。この会議には、防災や減災のために働く赤十字などの社長や、大学の先生も加わっている。

中央防災会議の事務局は、内閣府防災担当（第三・四章参照）である。問題ごとに専門調査会をつくる。二〇〇一年から、次々と、地震防災の調査会がつくられた。担当は内閣府参事官（地震・火山対策担当）の布村明彦さん（第三章参照）だ。布村さんは一九七七年四月建設省（現在は国土交通省（国交省））に入り、二〇〇〇年六月に国土庁防災局震災対策課長となり、二〇〇一年一月に内閣府の参事官となった。

二〇〇一年三月には「東海地震に関する専門調査会」が始まった。同じ年の十月に「東南海、南海地震等に関する専門調査会」が始まる。「首都直下地震対策専門調査会」は二〇〇三年九月に始まり、十月に「日本海溝・千島海溝周辺海溝型地震に関する専門調査会」（以下、「日本海溝専門調査会」と呼ぶ）の第一回が開かれた。

東海地震に関する専門調査会では、東大名誉教授の溝上恵さん（故人）が座長を務めた。溝上さんは、中央防災会議でただ一人の地震学者である。気象庁の東海地震の判定会（地震防災対策強化地域判定会）会長でもあった。原子力発電所の安全審査に関わる技術顧問会メンバーも務めた。

この専門調査会で資料の説明をするのは、気象庁防災企画調整官の横田崇さん（第四章参照）だ。横田さんは溝上研究室の大学院生だった。つまり溝上さんの教え子である。溝上さんは、かつて東大地震研究所の助手だった。同じ研究室の後輩が、大学院生だった阿部勝征さん（東大地震研究所教授、第二〜四章参照）だ。溝上さんは、二〇〇六年まで中央防災会議委員を務めた。そして、二〇〇七年に阿部さんが中央防災会議委員となった（二〇一六年まで）。

私は東南海、南海地震等に関する専門調査会の委員で、首都直下地震対策専門調査会の地震ワーキンググループの委員も務めた。さらに、「日本海溝専門調査会」の委員も務めることになった。

二〇〇三年は、地震が多い年だった。五月に宮城県の沖で、深い地震が起こった。マグニチュードは7・1で崖崩れなどの被害があった。そして九月に十勝沖地震、マグニチュード8・0が起こった。この地震は、地震本部が予測した地震だった。そのため私は
「地震本部が信用されるようになったのではないか」
「日本海溝沿いの津波地震の対策をする機会がきた」
と思っていた。しかし、まったく逆だった。

## 一〇メートルを超える津波が出ないように

東海地震に関する専門調査会の第一回会合で、座長代理となった阿部さんは、いきなり津波地震を否定する発言をした。あまりにも急だった。私はどう受け止めたらよいか、わからなかった。でも今思えば、これがこの委員会の主な目的だったと思う。

二〇〇三年七月、布村明彦さんは国交省の河川局河川計画課長になった。そして、上総周平さんが内閣府参事官（地震・火山対策担当）を引き継いだ。

最初の「日本海溝専門調査会」で上総さんが、この会の仕事を説明した。まず、防災対策をする地震を選ぶ。次に、どのような揺れになるか、津波の高さになるかを調べる。続いて、

他の専門家も加わって、被害がどの程度になるかを調べる。そして、対策の進め方を考える。

九月に発生したばかりの、十勝沖地震M8・0を調べる会をつくることも、上総さんは話した。その会は、のちに「北海道ワーキンググループ」と呼ばれるようになる。この「北海道ワーキンググループ」の会は、はじめは北海道地域のための会議だった。それが次第に、千島海溝・日本海溝全体の議論もするようになる。「日本海溝専門調査会」のウラ会議のごとき役割を、果たすようになったのだ。

過去の地震について、気象庁の上垣内修さん（地震火山部評価解析官）が説明した。東大地震研究所溝上研究室の出身で横田崇さんの後輩だ。次に文科省地震本部の前田憲二さん（第三・四章参照）が「長期評価」を説明した。

地震本部では津波の計算はしない。だが、専門調査会（中央防災会議）には十分な予算があり、津波の計算をする。「長期評価」では、平安時代の地震（第七章で詳しく説明する貞《じょう》観《がん》地震）を十分に調べることができなかった。だから、私は「日本海溝専門調査会」に期待していた。他の委員もどこまでこの貞観地震がわかるのか注目していた。

座長の溝上恵さんから、全体を見回した意見をと言われて、座長代理の阿部さんが話した。これまでの専門調査会は、どの地震の対策をするのかが決まっていた。今回は取り扱いが難しいと言う。

〈三陸沖とか北海道沖になりますと、……どこで起こるわからない地震に対してどのような防災対策を講じるかというので、一工夫、二工夫要るのではないか。〉

三陸沖から房総沖へかけて津波が発生する危険性については、次のように話した。

〈……低頻度巨大津波という、頻度が低いけれども巨大な津波を起こすものが潜んでいるわけです。これは場所が特定できないんです。先ほどの調査委員会の説明資料の中にありましたが、三陸沖から房総沖にかけてのどこかで発生する危険性があると。そうすると明治の三陸津波のような地震ですと、もう至るところで一〇メートルを超えるような津波が出ているわけです。それを場所が特定できないで、要するにあちこち起こしてしまう。八〇〇キロの長さにわたって二〇〇キロずつ起こしてしまいますと、東北地方沿岸、福島から茨城まですべて一〇メートルを超すような津波が出てくるわけです。そのようなことをしないためには、どのように低頻度巨大津波を扱ったらいいかという問題があります。〉

「福島から茨城まですべて一〇メートルを超すような津波」となるが、「そのようなことをしないために」どうしたら良いか、「一工夫、二工夫要る」。これが、この会の全体的な問題だと言うのだ。

三陸沖から房総沖へかけては、稀ではあるが、どの海岸でも大津波に襲われる。高さ一〇メートルを超えるような津波に襲われる。阿部さんは、このことを認めながら、「そのようなことをしない」と言った。「そのようなこと」とあいまいな言い方だが、どの海岸でも高さ一〇メートルを超える津波に備えることを指しているのだろう。

阿部さんと、阿部さんを座長代理に指名した溝上さんとの間で、事前にやりとりがあったのだろうか。私はそんな疑念を抱く。この阿部さんの意見と、次の回の提案とが、組み合わせとなっているように見えるのだ。阿部さんが問題点？　を指摘し、それを解決する工夫を事務局が提案する、という組み合わせである。

## 福島県沖の津波地震は対象外

二〇〇四年二月の第二回会合で、内閣府の防災担当が、防災対策の対象となる地震の選び方を提案した。事務局の提案では、まず、歴史上繰り返し起こった地震を優先する。次は、歴史上の大地震である。記録に残っていない地震は、対象外だ。

このような選び方は、間違っていると思う。大きな地震ほど、対策をしなくなることになりかねないからだ。大きな地震を起こすには大きなエネルギーが必要となる。エネルギーを貯めるには時間がかかる。このため、地震が繰り返す間隔は長くなる。歴史を短いスパンで捉えた場合、記録に残っていない大昔の大地震が、防災対策の対象外になってしまうのである。

取りこぼしなしに地震の記録が残っているのは、北海道で百五十年、東北地方で四百年だ。繰り返しの長い大きな地震ほど、対策からもれてしまうのである。

記録が残っている期間が短ければ、地震が一回起こることもあるが、全然起こらないこともある。大きな地震ほど、繰り返しの間隔が長い。津波地震もまた、繰り返しの間隔が長いと考えられていた。

このような対策は、これから起こる巨大地震の対策とはならないと思う。もう起こってしまった地震の対策をしても遅いのだ。これから起こる地震に備えないと、後手後手にまわってしまう。それこそ、先手必勝の対策が必要となる。私は次のように言った。

〈別の見方からすると、今の作業はある意味で後追いに私には見えるのですね。後手、後手に回るのは本当はまずいのではないか。先ほどから何度も出ていますけれども、非常にまれな地震で、ここで繰り返すことはまずないものを対象にしてしまって、むしろそれと同じような地域が隣にあって、そっちの方が多分次に起こるだろうとみんな思っているわけですね、もし起こるとすれば。先手必勝で行くなら、むしろそっちをやはり対象にとっておいた方がいいのではないか。まあ、やり方としては後手、後手になっているのではないか。むしろ多少のリスクはあるけれども先手をやるというのであればそっちをやるべきではないかと私は思う……〉

事務局の提案は、地震学をあまり知らない人たちが考えたことだと私は思っていた。後に書くように、津波に弱い福島第一原発からみると、福島県沖での津波地震の発生は、とんでもないことだったのだろう。だからこそ、津波地震が起こるとの警告を除かなければ、と思う人たちがいたのだろう。私はそんなことを考えもしなかった。そして、わかりやすく説明しようと思い、このように言った。

〈もうここにすでに出ているのだと思うのですけれどもね。同じことを繰り返すのはあれですけれども、例えば一九三三年の三陸沖というのはプレートが曲がってポリッと折れたわけですから、その隣がまだ折れていなければいつか折れるという、そういうふうに考えるのが普通なので、ですから正断層は一九三三年のむしろ南を考えた方がより将来の予防をする意味では意味があると私は思います。それは津波地震も同様です。〉

津波地震のことを言いたい。でも、津波地震を何か別のものでわかりやすく説明するのは難しい。そこで、津波地震と同じように、海溝沿いに起こる地震を例とした。

それは、海溝から沈み込む海のプレート内で起こる地震だ。沈み込むために、プレートは曲がる。そして、ポキリと折れて、地震が起こる。一九三三年の昭和三陸地震は、このような地震だ。この例ならわかりやすいと思った。ポキリと折れたら、その折れた場所ではなくて、その隣に力がかかる。だから、次に地震が起こるのは、その隣だ。津波地震も同じ。明治三陸地震の場所ではなく、その南で次の津波地震が起こるだろう。

過去に繰り返し起こった地震を選ぶという事務局の方針に、委員から様々な意見がでた。

座長代理の阿部さんは次のように言った。「福島県や茨城県の沖では、明治三陸津波のような巨大津波は、過去に起きていない。だから、地元は津波が来るとは考えていないと思う」と阿部さんは言った。今思えば、阿部さんが言うこの「地元」には、福島第一原発も含まれていたのだろう。しかし、当時の私はまったく気づいていなかった。

今ふり返ると、阿部さんと事務局との間には、事前に打ち合わせがあったようにも思える。福島県沖や茨城県沖に津波地震は発生しない、という意見の委員は誰もいなかった。それなのに、座長の溝上さんは、事務局案に大きな反対はなかったと、まとめてしまった。「長期評価」が無視されている――。私は委員を辞めたいと思った。でも、そうすると、事務局から思いつきのような意見が出る。そういう意見に対しては、おかしいと言わなければと考え、続けることにした。今から思えば、辞めていればすっきりと外から批判できたのかもしれない。辞めずに続けたために、後々まで苦い思いをもつことになった。

## 北海道ワーキンググループの役割

北海道ワーキンググループの本来の役割は、二〇〇三年の十勝沖地震や千島海溝の巨大津波の検討だった。前述したように、もともとは北海道地域の地震や津波を調べるために始まった会なのだ。それが、いつのまにか「日本海溝専門調査会」のウラ会議へと変わって行く。会議の内容は、後で公表された議事録で知った。

北海道ワーキンググループの会合は第一回(二〇〇四年三月)から第三回まで札幌で開

かれた。座長は北大教授の笠原稔さん（第四章参照）だ。気象庁札幌管区気象台技術部長（二〇〇三年四月～二〇〇五年三月）となった横田崇さんが委員として加わっている。

ワーキンググループの役目は二つあった。二〇〇三年九月に起こった十勝沖地震、M8・0を調べることが一つだ。もう一つは、巨大津波を起こす五百年間隔地震と呼ばれる北海道の地震の検討だ。それは三回目までだった。後の二回は本会議の専門調査会が議論することを、ワーキンググループで議論することになった。日本海溝沿いの地震も議論する。

その二回（二〇〇五年二月と四月）は東京で開かれた。北海道の人が多いのに、なぜか東京だった。横田さんは四月から東京務めになっている（気象庁火山課長）。

この二回のワーキンググループの会議は、「日本海溝専門調査会」のウラ会議と言えるのではないか。本会議の前に、この会議を開いて準備をする。本番で追及されないように、専門家の意見を知っておく。実際、事務局の上総さんは、二月十日のワーキンググループ会議の最後に、次のように言っている。


〈……二月二十二日に専門調査会がございます。そのときも今日御議論いただいた津波を中心に議論いただこうと思っております。今日いただいた御意見を踏まえまして資料整理をして、二十二日に備えたいと思っております。〉

四月のワーキンググループ会議も同様に、「日本海溝専門調査会」の約二週間前に開かれた。

## 福島県沖の津波

地震を起こすのは、断層（地下の壊れやすい面）のずれだ。だから断層のずれがわかれば、強い揺れや津波がわかる。断層の位置、断層の広がり・かたち、断層のずれの大きさ、これらを表す数字の組み合わせを、断層モデルという。断層モデルがわかれば強い揺れや津波の計算ができる。逆に各地の津波の高さがわかれば、それらから断層モデルをつくることができる。

ワーキンググループでは、多くの計算結果を議論した。地震の断層モデルをつくり、海岸の津波の高さを計算する。逆に、海岸の津波の高さから、断層モデルをつくる。横田崇さんが、実際の計算をする会社の人とやりとりしたようだ。断層モデルから計算した津波の高さが、過去の地震のものと同じになるように、いくつもモデルをつくった。そして横田さんが断層モデルと津波の高さの説明をした。横田さんは、二月と四月のワーキンググループの会議は委員として出席し、「日本海溝専門調査会」にも出席して、計算結果を説明した。

津波の計算では、江戸時代の二つの巨大津波がとりあげられた。一つは、慶長十六年（一六一一年）の大津波（慶長三陸津波）で、もう一つは、延宝五年（一六七七年）の大津波（延宝房総津波）だ「長期評価」では、どちらも津波地震による津波だと結論している。慶長三陸津波の計算において、横田さんは明治三陸津波と同じような断層モデルとなると言った。問題は次のところだ。

〈南の方にもう少し津波の高さが高いというデータになっていましたので、福島沖の方に近いところまで含めて変位が出てございます。〉

福島県沖の近くまで、断層が大きくずれているということだ。そうなると、福島県沿岸で、高い津波となることが予想される。

また、延宝房総津波についても、横田さんは次のように言った。

〈もっと北側の方に変位がないといけない……もっともっと北側までモデルを伸ばさなければいけない……過去のデータを含めて、どういうふうに見るか、ちょっと御相談したい。〉

延宝房総津波の断層モデルも、福島県沖で大きくずれているのだ。どちらも問題だ。どう扱ったらよいのか。

結局、これらの地震の断層モデルはおかしいと、横田さんは言う。また、過去の津波の記録がおかしいのかもしれないとも話す。内閣府参事官の上総さん（地震・火山対策担当）は、断層モデルができないと次の計算に進めないと言った。どこまで津波で水浸しになるのか、計算ができないと対策できないと言う。

検討を進めると、福島に影響が出ることがわかる。慶長三陸津波の南の部分や、延宝房総津波の北の部分に、高い津波を示す資料がある。これを断層モデルに入れると、福島に影響が出る。

そのため計算を進めて行く途中で、これはまずいと思ったのだろう。

防災対策をする際、まず対象とする地震は、歴史上繰り返し起こった地震である。次に、歴史上の大地震を選ぶ。内閣府防災担当は、第二回「日本海溝専門調査会」でこのように提案した。ところが、福島第一原発を抱える東京電力らにとっては、歴史上の大地震も都合が悪いことがわかった。計算した結果によれば、福島に高い津波が来るからだ。そこで、防災対策は、繰り返し起こった地震に限る、と方針を変えた。高い津波を起こした地震は防災対象にしないことにしたのだ。

## 三陸の津波地震

横田さんは、明治三陸津波と慶長三陸津波の断層モデルは似ていると、報告した。これは、津波の計算による重要な発見だと思う。横田さんによれば、特に、慶長三陸津波の断層の北側は、明治三陸津波の断層とほぼ同じだという。そこで明治三陸地震は、慶長三陸地震の繰り返しだと主張した。

事務局は、対策すべき地震として、明治三陸地震を選んだ。

〈防災対策上の観点から見ると繰り返したと思って扱っておきたい。……明治三陸の地震について備えるべくしておいた方がいいのかなと。〉

「日本海溝専門調査会」の会議では、ワーキンググループ座長の笠原さんが率直に問題点を指摘した。

〈一六一一年と一八九六年の明治三陸が同じだとして、……最新の地震が一八九六年という意味では、もしその繰り返しが想定されれば、もう少し安心ということ。〉

慶長の津波から明治の津波まで、二八五年ある。明治の津波から一〇九年しか、経っていない。だから当分は安全だろうと座長の笠原さんは言った。

中央防災会議の首都直下地震の備えにも、似た話がある。関東地震は一七〇三年と一九二三年に起こった。間隔は、二二〇年だ。大正関東地震（関東大震災）からは、百年しか経っていない。だから関東地震は対策しないことになった。

首都直下地震のやり方に倣《なら》えば、明治三陸地震は防災の対象とはしない地震のはずだ。笠原さんが当分安全と言ったにもかかわらず、事務局は明治三陸地震を対策すべき地震に選んだ。

これは誤った選択だ。本当は、慶長津波の断層の南側を警戒しないといけない。北側は既に明治三陸津波の地震で破壊した。残るは南側である。そのことを知りながら、事務局は誤摩化した。

明治三陸津波で北側は既に破壊されたなら、次は南側で、津波地震が起こる。多くの人はそう思うだろう。事実、3・11大津波の津波地震は、そのとおりに起こっているのである。

二月の「日本海溝専門調査会」で長谷川昭さん（東北大教授）は重要な意見を出している。慶長三陸地震や延宝房総地震の断層モデルがおかしいと言った横田さんに、別におかしくないと反論したのだ。さらに続けて言った。

〈慶長みたいな、南側は津波で繰り返しやられているところじゃないわけですよね。そういうところでそんなものが来られたら、多分地震があったって逃げないと思うんですよね、そういう伝承がないから。……メッセージを伝える努力は絶対に必要だと思うんですね。〉

慶長十六年（一六一一年）の大津波の被害について、北側（明治三陸津波の被害地）の三陸地方では、伝承が残っている。繰り返し津波の被害を受けたからだ。しかし、南側の地域では、津波のことなど忘れられている。これでは、津波被害の伝承がない南側の人たちは、地震があっても逃げないのではないか。地震の揺れがあった後、さらに津波が襲ってくるということを、北の人にも南の人にも絶対に伝えなければならない。伝えないと、そんなことはなかったという逆の宣伝になる……と長谷川さんは話したのだ。

3・11大津波のあとで、この長谷川さんの意見を読むと複雑な思いがする。結局、中央防災会議は、絶対に伝えなければならないことを伝えなかったのではないか。

## 防災の対象とする地震とは

結局、防災対象は、繰り返し起こった地震だけとした。日本海溝沿いでは、明治三陸地震、宮城県沖地震、三陸地方北部の地震の三つである。これらの地震で、高い津波を起こすのは明治三陸地震だった。四月の「日本海溝専門調査会」では、この方針に多くの委員が反対した。

議論するうちに、三陸や房総の過去の資料を十分に調べていないことを、北海道ワーキンググループ座長の笠原さんは認めた。そして、さらに議論が必要だと言った。多くの委員はまだ検討が続くと思っていたのではないかと思う。

出席した委員は「日本海溝専門調査会」座長の溝上さんを除いて、七人いた。そのうちの少なくとも五人が、事務局の提案に賛成しなかった。反対した人もいたし、時間が必要だと言う人もいた。

これに対して内閣府防災担当の上総さんは、「我々の作業として、それぞれの地域で津波の高さが最大どれぐらいになって、それが内陸部に浸水して、浸水の深さがどれぐらいになるかと、こういうことを見積もるという作業が次の作業」だという。それには正しい断層モデルが必要だ。でも横田さんは、慶長三陸津波や延宝房総津波の記録を疑い、正しい断層モデルはできないと言う。上総さんは、どの深さまで水浸しになるのか計算できないから、対策ができないと説明する。

最後に上総さんは「法律の施行というのがこの十月からということを意識しながらいろいろ作業している」「……待ってられない作業スケジュールでやらせていただいている」と話した。で、時間切れだといって、提案を押しとおした。

会議というものは、いろいろな意見を聞いてまとめていくものだと思う。これだけ反対意見があるのだから、事務局の提案を取り下げるのが普通だ。事務局は少なくとも一歩引いて、委員たちの共通点をまとめ、別の見方から議論をし直さなければいけない。

ところが事務局は、対策をするのは繰り返す地震だけだとの提案を押しとおした。委員のご意見はごもっともだと言いながら、無理だという。

地域を指定して予算を出すには根拠が不十分だ、断層モデルを決められないのでは根拠が足りない、計算ができなければ浸水域もわからず対策できない……等々述べた挙句、最後には、時間が足りないからと逃げたのである。

## 中間報告の記者会見で消えた福島県沖の津波地震対策

二〇〇五年六月二十二日の午後に、中央防災会議の「日本海溝専門調査会」が東京の全国都市会館で開かれた。ところが同じ午後に、地震本部の長期評価部会と活断層評価分科会と活断層評価手法等検討分科会の合同会が経産省別館で開かれていた。長期評価部会長で活断層評価手法等検討分科会主査の私は、この重要な会議を欠席するわけにはいかない。そのため「日本海溝専門調査会」の方は欠席した。

議事録によれば、冒頭で座長の溝上さんが、防災対策をする地震の話を確定したい、と宣言した。会議終了後の十七時半から内閣府で記者会見を行うとも話した。

議論はあまりなく事務局の提案がとおった。国の防災対策から福島県沖の津波地震は消えた。

この会議で、気象庁火山課長の横田さんは、「一番よくわからない部分が実は明治三陸の部分……慶長の一六一一と同じ領域で繰り返しているとすると、それは約三〇〇年で、今は一〇〇年しかたっていない。あと二〇〇年あると思っていいのか……何年というふうにとらえたときには明治三陸がものすごく難しい」と言っている。明治三陸地震が近い将来に繰り返す可能性は低い。一六一一年慶長三陸地震の断層の南半分の方が、発生可能性が高い。これらのことを意識して言っているのだろう。なぜインチキを押し通したのだ。

記者会見で防災対策の対象となる三地震が発表され、変えられない方針となった。

その後「日本海溝専門調査会」では、明治三陸地震が繰り返した場合の津波計算をした。最大死者数二千七百人という想定で、防災対策を立てることになった。空《むな》しい数字だ。

## ゆるい対策の地域で大多数の人が犠牲になった

百年前に津波地震が起こった（明治三陸津波地震）。その場所で、また起こるから備えよという対策は間違っている。

その場所の南の地域こそ、次に津波地震が起こる。先手必勝だから、対策をせよ――。この私の意見は無視された。そして実際、南の地域の人々が犠牲となった。想定の二倍を超える高さの津波に襲われた地域で、死者の七割が亡くなっている。政府の委員会において、「備えなくても良い」とされた津波に襲われて、人々は大切な命を失ったのだ。

東日本の太平洋岸では三地震に備える。これが、中央防災会議の基本計画となった。三陸北部の地震は百年に一度、繰り返している。一九六八年Ｍ７・９（十勝沖地震）が最後の地震だ。青森県の八戸などで家が壊れ、五十二人の人が亡くなった。

次は、宮城県沖地震だ。三十年から四十年に一度、繰り返し起こっている。最後の地震は一九七八年宮城県沖地震M7・4である。ブロック塀などが倒れて十八人、全体で二十八人の方が亡くなった。

そして、津波地震だ。明治三陸地震（津波地震）では、二万二千人の方が命を落とした。この津波地震は、江戸時代の津波地震（慶長三陸地震）の断層の北半分で起こった。津波地震が繰り返した。だから、ここで起こる地震に備えるという。慶長年間の一六一一年に起こり、次が明治年間の一八九六年だった。そして次に備えるという。慶長から明治まで三百年近い。そして明治から百年と少ししか経っていない。誰がみたっておかしいと思うだろう。しかし、これが中央防災会議の決定だった。

四百年たっても、まだ起こっていない南の地域こそ次に起こるのではないか。そう考えるのが当然だ。でも、繰り返し起こっていないから駄目だと否定された。

誰がみてもおかしいことを無理やりとおすのは、別に理由があったからだろう。福島県沖の津波地震を無視する。対策しない。これが中央防災会議の目指すところだったのだろう。

ここでまたしても見え隠れするのが、原子力ムラの存在である。原発の津波対策には多額の金がかかる。

命より金、それが、原子力ムラが推進する政策だったのだろうか。

対策をする三地震による津波の高さを比べた図がある。中央防災会議が計算したものだ（中央防災会議　東北地方太平洋沖地震を教訓とした地震・津波対策に関する専門調査会 第一回資料三－二、四ページ）。明治三陸津波の繰り返しが起こると、津波が一番高くなる。岩手県宮古市や大船渡市で二〇メートルを超える。例外は、宮城県東松島市だ。牡鹿半島が防波堤となっている。ここだけは宮城県沖地震の津波の方が高い。

3・11大津波後につくられた中央防災会議の専門調査会（東北地方太平洋沖地震を教訓とした地震・津波対策に関する専門調査会）は、海水に浸った地域の人口と犠牲者の数を調べた（第一回専門調査会資料三－二、一九～二一ページ）。そして人口の何％が犠牲になったかを計算した。

最大は岩手県大槌町の一四・五％である。大槌町は、釜石市の北にある。町役場の建物が弱い。外で対策会議をしていたところを津波に呑まれた。町長をはじめ、町役場の職員の二割が命を失った。ここでは、想定の二倍弱の高さの津波に襲われている。

犠牲者の割合が次に高いのは、宮城県との県境にある岩手県陸前高田市と、牡鹿半島にある宮城県女川町で、ともに一三％だった。想定の二～五倍の津波に襲われた。

津波の高さがもっとも高かったのは、岩手県北部の久慈市から岩手県南部の大船渡市までだ。この地域の津波の高さは、備えなくてはならないとされた高さの二倍（大船渡市）か、二倍弱だった。

死者のほとんどが、津波の高さがもっとも高かった地域で亡くなったと思いがちである。しかし死者の七割は、その南の地域で亡くなっている。

大船渡市の南が岩手県陸前高田市である。ここでは、想定の二倍を超える高さの津波に襲われ、浸水域人口の一三％が犠牲となった。陸前高田市の南は、宮城県気仙沼市だ。ここでは、備えなくてはならないとされた高さの、六倍を超える津波に襲われ、千五百人に近い犠牲者が出た。想定の五倍の高さの津波が襲ったのは宮城県女川町である。浸水域人口の一三％の人が命を失った。宮城県や福島県の海岸では、想定よりはるかに高い津波に襲われて、多くの方が亡くなった。

すなわち、中央防災会議の対策が誤っていたのだ。

多くの犠牲者は津波が最も高かった海岸ではなく、その南の地域で亡くなった。死者の七割は、津波の高さが想定の二倍以上となった海岸で遭難している。

「長期評価」を無視せず、津波対策を進めていれば、犠牲者の多くを救うことができた。

東北地方の東海岸の一部。
津波の高さが高かったのは久慈市から大船渡市だが、死者の七割はそれより南の地域で亡くなっている。

中央防災会議が津波地震の対策を進めれば、東京電力は津波対策を進めざるを得なかったはずである。そうなれば、福島第一原発の事故も、防げたのではないだろうか。

3・11大津波後につくられた中央防災会議の専門調査会は、「これまでの地震・津波の想定結果が、実際に起きた地震・津波と大きくかけ離れていたことを真摯《しんし》に受け止め……今回の災害と想定との食い違いへの反省」をした。

私は反省だけでなく、間違えた原因を追及して欲しいと思った。そして「長期評価」を中央防災会議が採用していれば、原発事故も起こらなかっただろうと言った。

〈是非この際、お話ししたような経緯も一度点検していただいて、二度とこういうことを繰り返すことがないようにしていただきたい。〉

と話した（第一回専門調査会）。しかし、無視されたままだ。原因の追及がなければ、過ちは繰り返される。政府が過ちを認めたのは良い。しかしその過ちがどのようにして起こったか、誰が何をしたかが追及されない限り、何も変わらないのだ。

自らの過ちは認めても、その原因を追及しないことが、政府の最大の過ちの一つである。

# 第六章

# 津波の予見性

## 信頼度と確実度も内閣府に都合のいいように強制された

内閣府防災担当からの圧力は、「長期評価」発表後も続いた。地震ごとに信頼度を付けろ、というのである。多数の活断層を調べなければならない時に、この圧力は弱いものいじめのようなものだった。

一方、原発の耐震性の基準を定めた耐震設計審査指針が見直され、二〇〇六年に新しい指針（新指針）が決定。各原発の危険度が、十分低いかどうかが問題とされた。新指針によって原発を調べた東京電力は、「長期評価」の警告した津波地震の危険性を、受け入れるようにはなった。

しかし東京電力は、すぐに対策をとらなかった。引き延ばし続けているうちに、3・11大津波が発生してしまったのである。

その後、東京電力や国の責任を問う裁判が始まり、大津波が予見できたかどうかが争点の一つとなった。国は専門家の意見を集め、データの信頼度が低く予見できなかったと主張している。

二〇〇二年に「長期評価」を発表する際、地震本部事務局は、前がきに一段落を加えたものの、一応は内容を変えずに発表した。が、文科省の地震調査研究防災課長、須田秀志さん（第三章参照）が交代すると、風向きが変わってくる。内閣府の圧力を受け入れる方向へと変わったようなのだ。「長期評価」を発表した地震調査委員会の中でも、「長期評価」への批判が出始める。

そもそも地震調査委員会では、さまざまな場所で起こる地震について、いろいろな発表をしている。

「何を発表してよいか、何を発表したら悪いのか、わかるようになれ」――簡単に言えば、そうした「忖度のススメ」のごときものが、内閣府から押し付けられた。もともと内閣府の圧力は、津波地震に向かっていた。他の地震と比べて、津波地震に低い点をつけたかったのだろう。信頼度をつけろという圧力がかかった。「津波地震への警告」に対する信頼性が下がれば、それを根拠にして対策を先送りできる。

二〇〇二年七月三十一日に「長期評価」が発表された後、八月八日に地震調査委員会が開かれた。委員長代理の阿部勝征さん（東大地震研教授、第二～五章参照）が「長期評価」を批判したことは第四章に書いた通りだ。

この時、関連して『新編　日本の活断層』という本（東京大学出版会、一九九一年）の話が出た。この本が長く使われているのは、活断層に信頼度がついているからだと阿部さんが言った。

信頼度がついていれば、防災に使ってもらえるというのだ。実は、この本についていたのは、信頼度ではなく確実度である。活動的な断層であることが、どの程度確実なのか？　それを確実度として表していた。

「長期評価」の地震にも信頼度をつければいいと阿部さんが言う。これについて、委員長の津村建四朗さん（日本気象協会顧問）は、以前からそう考えていたと賛成する。活断層だけでなく、海溝型の地震についても事務局に検討してもらいたいと言った。

この二〇〇二年八月の委員会では、誰も〝津波地震〟と言わなかった（第四章参照）。だから活断層の話が主で、津波地震を含む海溝型の地震は添え物だったのだろう。新任課長の磯谷桂介さんは、信頼度と防災との連携は重要だと言い、省庁の連携を図ると話した。圧力を受け入れ、内閣府と仲直りするということだろう。

また八月には、東北大教授の大竹政和さん（二〇〇二〜二〇〇六年日本地震学会会長）と地震調査委員会との間で二回やりとりがあった。「長期評価」についての意見と質問である。

地震調査委員会委員長宛てだった。大竹さんは「長期評価」が不確実だと書いているが、そう判断する理由の多くは、歴史地震の最新情報が伝えられていないためのようだった。そこで委員会から、最新の知見が載った論文等を紹介しておいた。

## 紛糾する調査委員会幹部打ち合わせ

翌九月十一日に、地震調査委員会が開かれた。私は、何が批判の対象なのかと質問した。ところが、それが津波地震であることは隠されている（第四章参照）ために、おかしなやりとりとなった。

「津波地震の警告が批判されている」とは答えられなかったのだろう。私もまた、この時点では「津波地震」が問題だということに気づいていなかった。そのため、活断層の発表が批判されていると私は思って質問し、答える方もあやふやな発言を繰り返した。その一部を示す。

〈批判があったのは最近の評価についてか、それともこれまでの長期評価のことか。活断層だけでも既に二十以上の評価をしている。全体に対する意見なのか。〉

と私は質問した。
新任課長の磯谷圭介さんは、「何が、とは言われていない」と答える。
委員長の津村さんは、「最近の発表ではないか」という。
委員長代理の阿部さんは、「内閣府には最初から不満があった」と答えた。
私は文句を言った。

〈もう何年もやっている。問題があるならもっと早く言って欲しかった。なぜ今になってこのような問題になるのか。九六年（最初に発表された長期評価は、九六年九月十一日の「糸魚川《いといがわ》―静岡構造線活断層系の調査結果と評価について」）からもう六年経っている。〉

活断層の発表では、地震発生可能性を「高い」「やや高い」「それら以外」の三つの段階に分けている。また、資料の信頼性を、信頼度が◎高い、◯中程度、△低い、▲非常に低いで示している。それなのに、さらに全体の信頼度を示せというのは、納得がいかなかった。
長期評価の信頼度を、防災対策でどのように使うのか？　との問いに対する答えは、「使い方は議論されていない」というものだった。

信頼度によって、防災対策が左右されたという話を、私は聞いたことがなかった。その後もついぞ、聞いたことがない。信頼度をつけさせるには、別の理由があったのだと思う。

この委員会で、活断層の発表でも前がきに一段落つけることになった。磯谷課長は、これをつけないと議論になるからだと言った。

この委員会が終わったあと「調査委員会幹部打ち合わせ」が開かれた。委員長の津村さん、委員長代理の阿部さん、強震動評価部会長の入倉孝次郎さん（京大防災研究所長）、そして長期評価部会長の私と事務局とが集まった。強震動部会とは、地震の強い揺れを予測する部会である。このような会合は、このときだけだったと思う。他の会合の記憶はない。

この打ち合わせの中で、信頼度などが議論された。信頼度をつけるのはおかしいと、私は言った。委員長の津村さんは、「このままでは持たない」と言う。信頼度をつけないと、内閣府がおさまらない、というのである。結局、信頼度をつけることになった。

## 確実度が信頼度に

前に書いたように、活断層の本には信頼度がついていると、阿部さんは誤解していた。信頼度がついているのは、活断層の長期評価である。活断層の本には、信頼度ではなく「確実度」がついているのだ。この誤解のせいか、どの程度確実なことなのか、という議論は、信頼度の問題にすり替えられてしまったのである。

もともと「長期評価」の前がきに加えられた、一段落が始まりだった。

「数値には誤差を含んでおり、防災対策の検討など……にあたってはこの点に十分留意する必要がある」

誤差があるのは、地震の起こる場所、マグニチュード、起こりやすさ（発生確率）で、それぞれに確実度を示すことになる。例えばマグニチュードが8・0と発表されても、実際に起こってみると、それより大きかったり、小さかったりするかもしれない。どのくらい確かなのかを示すのが、四段階で示す確実度だ。

しかし、確実度では都合が悪かったのか、途中で「信頼度」と呼ぶことになった。信頼度なら、低い値の場合には文句がつけやすい。「信頼度が低いので信用できない」と言えば、不自然ではない。

実際、政策委員会の部会（成果を社会に活かす部会（二〇〇二年十二月））で次のような意見が出た。この部会では内閣府防災担当の布村明彦さん（政策統括官、第三・五章参照）が委員となっている。

「信頼性が低い評価」だとわかるようにしろ、そうすれば防災機関が「特に気にする必要がないと捉えることができる」というのだ。

〈「確実度」という名称では、「地震発生の確実度＝近々起こる可能性が高い（切迫性が高い）」というように誤解されてしまう可能性がある。「信頼度」という名称の方が良い。〉

なぜ確からしさ（確実度）が、地震の起こりやすさの高さ（高い切迫性）に結びつくのか。この議論は、未だに私には理解できない。信頼度に変えれば、津波地震の危険性から目をそらしたい、内閣府防災担当の思い通りになるのだろう。信頼度が低ければ、「信頼できない」と言えるからだ。

## 信頼度をめぐるフラストレーション

もともと活断層では信頼度をつけて、発表していたのだ。なぜ、その上さらに、発生確率の信頼度をつけろというのか。どう考えてもこれはおかしい。

当時、活断層の発表のため、三つの分科会がつくられていた。二年以内に、全国で調べられた活断層の調査結果を発表しなければならなかったからだ。地震でどの程度揺れるのか、全国の地図（全国を概観した地震動予測地図、二〇〇五年三月発表）を作る予定だった。

このため次々と活断層の調査結果を発表していた。場所はどこか。どのくらい大きな地震が起こるのか。起こりやすさはどの程度か。およそ百の活断層のうち、まだわずか三十程度しか発表できていない。残る六八活断層を二年以内に発表しなければならない。期限が迫っていたため、三つの活断層分科会をつくって並行して議論を進めていた。そんな切羽詰まった状況なのに、新たに信頼度を議論しなければならない。なぜ、無駄と思われる仕事をやらなくてはならないのか。

既に信頼度をつけていたのに、さらに発生確率（起こりやすさ）の信頼度をつけろと言われた。これでは、それまでの議論が振り出しに戻ってしまう。何のためにさんざん議論してきたのであろう。活断層の分科会の委員にはフラストレーションがたまってきていた。そこで、既につけていた二つの信頼度（繰り返しの間隔と最後に地震が起こった時期）を使って、発生確率の信頼度が自動的につくようにした。

一方、海溝型地震の信頼度については、二〇〇二年九月から海溝型分科会で議論がはじまった。すべての海溝型地震の発表が終わった後で、一番確実なものから一番確実でないものまで順番にならべればいい。ところが、この段階ではまだ途中だった。宮城県沖地震から始まり、南海地震の次に、三陸沖から房総沖の発表を終えたところであった。まだ議論を始めていない海溝型地震は他にいろいろある。どんな議論になるかわからない。内容から信頼度をつけるのは難しい。

圧力がかからないようにしよう。一回一回しっかり議論しても、また文句がつくかもしれない。そんなことは、やってられない。誰でも同じ答えになるように、信頼度をつけよう。

そう考えた私たち委員は、地震の回数で信頼度を決めることにした。

翌二〇〇三年三月に、案がまとまった。信頼度は高い方から、A、B、C、D、の四段階。日本海溝沿いのどこでも起こる津波地震の信頼度は、起こる場所がC、マグニチュードがA、起こりやすさがCとなった。いろいろな地震が三陸沖から房総沖へかけての海域で起こる。そのうちの真ん中より少し低いくらいの信頼度となった。

信頼度が低ければ、対策をしなくて良い。信頼度が強制されたのは、このためであろう。要するに、福島県沖〜茨城県沖の津波地震を排除したいということだ。

## 阪神・淡路大震災後の新指針

一九九五年の阪神・淡路大震災を起こした地震M7・3は、原発のきまりを新しくする道をつくった。高速道路が横倒しになる神戸の被害を見て、人々が原発は大丈夫なのか思ったからだ。

大震災が起こってからわずか二日後、原子力安全委員会は新たな委員会（平成七年兵庫県南部地震を踏まえた原子力施設耐震安全検討会）をつくった。委員会名の兵庫県南部地震は、阪神・淡路大震災を起こした地震の名前である。この検討会の会長は東大教授（大学院工学系）の小島圭二さんで、東北大教授の大竹政和さんが委員をつとめていた。「長期評価」の発表について、意見を書いて質問をした大竹さんである。

あのような大地震が起こっても原発は大丈夫なのか。原子力安全委員会は九月まで議論して報告書をまとめた。

そして、一九九五年当時の指針のままで大丈夫だと結論している。

3・11後に原発事故を調べた国会の委員会（国会事故調）の報告書によれば、この検討委員会には、多数の電力会社の社員などが部外協力者やオブザーバーとして参加したようだ。また、一方では通産省、電力会社などによってウラ会議（原子力施設耐震連絡会）が開かれ、その時つくられた資料が、検討会の資料として使われたとのこと。

原子力ムラの住人たちが集まって、密かに物事を進めていく――このようなやり方は、その後も続く。

結局、原発の耐震性の基準を定めたきまり（耐震設計審査指針、以後指針）は、阪神・淡路大震災から十年たっても新しくならなかった。

当時も、原発の運転や建設を止めさせるために、訴えを起こす人々がいて、各地で裁判が開かれていた。新しいきまり（新指針）が原発反対の人々に有利にならないか、「旧指針が危険だから新指針にしたのだろう」と言われないかと、電力会社はもちろん、役所（通産省、二〇〇一年から経産省）や原子力安全委員会が心配した。

そして電力会社の意見は、正式な会議の委員やウラ会議を使って新指針の中に取り入れられていった。

原発震災を早くから警告していた、神戸大学名誉教授の石橋克彦さん（第二章参照）は、原子力安全委員会（耐震指針検討分科会）の委員だった。そして経験をなまなましく書き、「委員会で電力側の代弁をしたと思われる専門家」を批判している（石橋克彦「電力会社の「虜」だった原発耐震指針改訂の委員たち」、『科学』八二巻、八四一～八四六ページ、二〇一二年）。この委員会の主査は青山博之さん（東大名誉教授）で、主査代理は東北大教授の大竹さんだ。

電力会社は、新指針の内容だけでなく、新指針の使い方まで決めるようになった。電力会社にきまりを守るようにさせる立場の経産省保安院が、逆に、電力会社から言われるがままになってしまった、と国会事故調の報告書は批判している（五〇六〜五一六ページ）。

これまでにあった原発は、新指針に合格するのかどうか。原子力安全委員会の事務局が原発の見直しについてメモをつくると、電力側（電気事業連合会、電事連と呼ばれる）から待ったがかかった。

地震が起こると原発は危険だ、と思われると裁判で不利になる。原発の運転や建設にストップがかかる心配があるというのだ。

新指針に沿っていなくても、すぐアウト（法律違反）とせずに、見直しの対策は電力会社に任せてほしい。それには時間がかかるので、しばらく待って欲しい——。

このような電力会社の主張が通ってしまうことになった。

原子力安全委員会は二〇〇六年九月にようやく、指針を新指針に変えた。初めて津波対策が指針に書かれるようになった。

可能性は低くても、原発稼働中に津波事故が起こらないよう準備することが決められた。当時は、およそ一万年から十万年に一回程度の稀な事故に対して備えなければならないと考えられていた。

他方、「長期評価」によれば、津波地震は福島県沖でおよそ五百三十年に一回起こる。桁違いに起こる可能性が高いから、当然対策をしなければならなかった。

## 新指針による見直し

「見直しの対策は電力会社に任せてほしい。それには時間がかかるので、しばらく待って欲しい――」。

このような電力会社の主張がまかりとおって、見直し（耐震バックチェックと呼ばれた）が進められた。二〇〇六年九月に新指針が発表されると、保安院は見直しの結果を二〇〇九年六月までに提出するよう電力会社に求めた。

原発の見直しが終わらないうちに地震が起こり、原発が火事に見舞われる事件が起きた。二〇〇七年七月十六日、新潟県中越沖地震M6・8である。新潟県にある東京電力の柏崎刈羽《かしわざきかりわ》原発で、量はわずかだったが危険な（放射性物質を含む）水やガスが外へもれた。

一番問題だったのは、地震の揺れが大変大きかったことだ。想定では、四五〇ガルの揺れ（基準地震動）に備えれば良いことになっていた。でも実際に起きたのは、一六九九ガルの揺れだった。実は二〇〇五年の宮城県沖の地震M7・2でも、東北電力の女川原発での揺れは、備えるべき揺れ（基準地震動）を越えていたのだ。

揺れの大きさの計算がおかしい、もっと大きな揺れに備えなくてはならないのではないか……東京電力は、柏崎刈羽原発とともに、福島第一原発と福島第二原発の見直しを始めた。

## 最も対策が必要とされた福島第一原発

原発の運転には多量の水を使う。日本の原発が海岸にあるのは、このためだ。原発の運転を止めても、燃料を多量の水で冷やし続けなければならない。そうしないと燃料が熱で融けて爆発を起こし、閉じ込めてあった危険物を外へ出してしまう。

『四省庁報告書』（第一章参照）で福島第一原発が津波に弱いことがわかっていた。二〇〇四年のクリスマスにインドの原発をインド洋大津波が襲うと、津波対策が日本でも注目されるようになる。

二〇〇六年一月から勉強会（溢水《いっすい》勉強会）が開かれた。原発の対策が十分かどうかなど、見守る立場の保安院と、計算等で確かめるところ（独立法人原子力安全基盤機構）、電力会社等が集まった勉強会だ。

五月の第三回の勉強会は、福島第一原発の例（燃料をもやす原子炉は六つあるが、五番目にできた五号機）について検討した。高さ一四メートルの津波に襲われると非常用海水ポンプ、電源などが使えなくなる。原子炉を冷やし続けることができず、危険な状態となることがわかった。

電力側（電気事業連合会）でも検討が進められた。二〇〇七年一月に東京電力が原発各社の津波対策がどの程度余裕をもっているか、表にまとめている。これは『津波評価技術』を使っていて、福島県沖の津波地震は考えられていない。それにもかかわらず、十六原発のうち福島第一原発だけが全く余裕がなく、最も対策が必要とされたのである。

つまり、津波地震を警告した「長期評価」ではなく、津波対策を避けたい東京電力に有利な資料である『津波評価技術』を基準にしても、福島第一原発は危険な状態にあることはわかっていたのである。

## 見直しの中間報告の問題点

二〇〇九年六月までに新指針による見直しの結果を提出することになっていた。しかし、二〇〇七年七月の中越沖地震で、柏崎刈羽原発が事故を起こしたため、保安院は見直しを早めることにした。しかし実際には難しかった。そこで、全部の原子炉を見直さなくてもよいことにした。また、地震の揺れの見直しの報告でよく、津波は後でもよいこととなった。これを中間報告と呼ぶ。そして二〇〇八年の三月までに中間報告を出すように、電力会社に求めた。

中間報告を提出する際の東京電力の様子は、東京電力の刑事裁判の中で明らかになった。この裁判では、東京電力の元会長、勝俣恒久さん、原子力・立地本部の元部長、武黒一郎さん、原子力・立地本部の元副部長、武藤栄さんの三人の責任が問われている。

東京電力内部の電子メール、会議資料、メモなどが証拠として出された。津波を担当したのは、対策センター（原子力設備管理部新潟県中越沖地震対策センター）の土木調査グループである。このグループの高尾誠さん（第一・二章参照）たちが裁判で証言をした。対策センター長の山下和彦さんが検察庁で証言した供述調書が裁判で読まれた。

残念なことに、東京電力の社長、部長、副部長の資料が少ない。会議に出席したかどうかはわかるが、裁判では「大事なことは聞いていない、知らなかった」と証言している。

社長の勝俣さんは、新潟県中越沖地震の後、月に一度くらい休日に会合を開いていた。会合の名前はなく、社長会とか御前会議とか呼ばれている。原子力施設管理部長の吉田昌郎さん（故人、後に福島第一原発の所長となり、原発が大津波に襲われて大事故を起こす）によれば、勝俣さんは、この会合で技術的なことを基本から理解しようとしていたようだ（政府事故調、聴取録二〇一一年十一月六日）。二〇〇九年十月の私の講演会（「地震予測の現状と今後」）にも出席したくらい、勉強熱心な方である。何も知らないどころか、何でも知っていたのではないかと思う。

私の講演会というのは、東京電力の子会社、東電設計による内《うち》幸《さいわい》町《ちょう》ホールでの技術講演会である。午後一時半から五時まで、二つの講演が行われた。私は前半の担当で地震予測の話をした。

なぜ、忙しいはずの勝俣さんがわざわざ私の講演を聴きにきたのだろうか。東電設計の取締役、建築本部長の山下利夫さんが付き添い、二人で前の方に座っていた。山下さんは技術屋さんで、東京電力の原子力・立地本部副本部長も務めていた。山下さんが解説役だったのだろうか。

勝俣さんは、目的を持って私の講演を聞きに来たに違いないと思う。福島第一原発の敷地をはるかに越える津波が起こる可能性のことが、気にかかっていたのだろう。

私は講演の中で、

「日本の地震は大きく言えば、陸の地震と海の地震に分けられる。海の地震は、どこで起こるかわかっている」

と言った。また、質疑応答の際に、

「数年のうちに東海地震と同程度の確からしさで予測できる」

とも答えた。これらの話を聞けば、「長期評価」が警告した、福島県沖で間違いなく津波地震が起きることがわかったはずだ。勝俣さんは内心困ったと思ったのではないだろうか。

さらに私は、

「地震災害の本質は、低頻度巨大災害にある」

とも話した。滅多に起こらないけれど、巨大災害による被害は青天井だ。限界がない。とんでもないことが起こる。度々発生する小規模、中規模地震の災害を見て、大地震の災害もこの程度だと思うのは大間違いだ。地震を甘く見てはいけないという私の警告を、勝俣さんはどう受け止めたのだろうか。

講演後、そそくさと勝俣さんは帰った。話をする時間はなかったが、名刺をもらった。私の話は一般的で、特に津波地震を警告したものではない。しかし、津波地震と津波災害を気にしている人にとって、講演内容はショックだったのかもしれない。これ以上聞くことはないと思って足早に帰ったのだろうか。

「長期評価」の津波地震への対策が必要ではないか——。

福島第一原発の見直しの中間報告が近づいた二〇〇七年暮れに、東京電力の高尾さんたち津波担当の社員は、津波の計算をすることにした。「長期評価」を使うことは、当初は普通のことと思われていた。福島第一原発の地震の揺れの見直しに、「長期評価」を使っている。

東京電力が下北半島に新しい原発（東通原発）をつくる許可をもらうため出した書類でも、「長期評価」を使っている。

津波評価部会の阿部さんや今村文彦（第一・二章参照）さんも、見直しで「長期評価」を取り入れるべきだと考えていたようだ。

「津波地震が福島県沖に起こらない」という見方の『津波評価技術』が刊行された後、二〇〇四年に津波評価部会がアンケートをとった。津波地震は日本海溝に沿ってどこでも起こるのか、限られた場所だけかという質問に、阿部さんは「一〇〇％、どこでも起こる」と答えている。

阿部さんの保安院での仕事は、見直しの中間報告を調べることだった。中間報告を調べる保安院の会合（耐震・構造設計小委員会地震・津波・地質・地盤合同ワーキンググループ）の主査である。阿部さんは、津波地震は福島県沖でも起こるという考えに、一〇〇％賛成していた。

だから、津波地震を警告している「長期評価」を使わざるを得ないと、東京電力の高尾さんたちは考えたのだろう。

二〇〇二年の「長期評価」発表直後に、高尾さんたちは「福島県沖で津波地震が起こらない」と主張して、津波計算を逃れた（第一章参照）。しかし、そんなことはもう無理だった。この後で書くように、福島県沖の津波地震を考えなくてはいけないと、東北大教授の今村さんからも意見をもらっているのである。

## 福島第一原発の津波計算

二〇〇八年一月には、津波計算の書類が原子力施設管理部長の吉田さんにまわった。吉田さんは計算して良いと、承認のはんこを押した。

東京電力の子会社（東電設計）が津波の計算をすることになった。津波は、海底が地震によって上がったり、下がったりすることで起こる。地震を起こすのは、断層のずれだ。だから断層モデル（前章参照）がわかれば津波の計算ができるのである。

子会社は既にいろいろな津波の計算をしていた。「津波評価技術」を使って細かい計算をする前に、適当と思われる計算結果を高尾さんたちに報告した。福島第一原発での津波の高さは七・七メートルという報告だ。

「津波評価技術」の計算の仕方では、断層モデルの数字（断層の位置や、傾き、方向など）を少しずつ変えて、一番高くなる津波の高さを使う。その方法では、津波の高さが簡単な計算による高さの二倍くらいになることもある。そこで高尾さんたちは「七・七メートル以上」と資料に書いた。さらに備考欄に「詳細評価によってはさらに大きくなる可能性」と記して、会議に提出した。

この資料（「Ssに基づく耐震安全性評価の打ち出しについて」二〇〇八年二月十六日原子力設備管理部新潟県中越沖地震対策センター）は、新指針による見直し（保安院への報告）を東京電力社内で説明するものだ。

また、この資料は、二〇〇八年二月十六日（土）の会合（名前は無いが、社長会、または御前会議）でも使われた。その会議には、交代前の社長の勝俣さんをはじめとして多くの人が出席している。

「長期評価」のとおり福島県沖で津波地震が起こるとして、備えるべき津波の高さを、従来の想定より高くすることが説明された。勝俣社長などから反対はなく了承されたと、対策センター長の山下さんは証言している。

三月十一日の東京電力の正式会議（常務会）で、吉田部長らが提案した中間報告の案が了承された。社長会の資料のまとめが説明に使われている。そこには、津波の評価として

〈プレート間地震等の想定が大きくなることに従い、従前の評価を上回る可能性有り〉

と書かれていた。「プレート間地震等」は津波地震を指している。想定する津波の高さが高くなることは、東京電力の正式な会議で認められていた。

二〇〇八年三月十八日に津波の計算の結果が届いた。『津波評価技術』のやり方で計算した結果だ。数値をいろいろ変えてみて、津波が最も高くなった場合の計算結果である福島第一原発では津波の高さが最高一五・七メートルとなる。

東京電力の土木グループでは対策を考えた。海岸線に一〇メートルの高さの壁をつくる、沖合に防潮堤をつくる、などが検討された。

六月九日には東大地震研教授の佐竹健治さん（第一・二章参照）から、福島県沖の津波地震に備えるかどうかは難しい問題だとの意見が出た。佐竹さんは、津波地震はどこでも起こるのか、そうでないのかというアンケート（二〇〇四年津波評価部会）に、どちらとも言えないと答えている。

「津波の高さ一五・七メートル」という数字と、その対策案とが原子力・立地本部副部長の武藤さんに報告されたのが六月十日だった。そしてこの時、高尾さんたちに、防潮堤をつくるときの届け出の段取りなどの宿題が出た。その答えを武藤副部長に再び報告したのが、七月三十一日だった。「長期評価」発表のちょうど六年後にあたる。

武藤副部長は三十分くらい報告を黙って聞いた後、自分の考えを述べて最後に「研究をやろう」と言った。「すぐに津波対策をとろう」ではなく、「研究をやろう」と言ったのだ。そしてその通り、土木学会に津波地震の検討をしてもらうことになった。その流れは次のようなものだ。

二〇〇九～二〇一一年度に、電力会社や関連した研究所などがいっしょに研究（電力共通研究）する。そして「津波評価技術」を新しいものにする。それにもとづいて原発の見直しをして、最終報告を保安院へ出す。で、このやり方とスケジュールについて、有力者にあらかじめ話をつけておく……東京電力は、このようにして最終報告を先送りしたのである。この話の続きは第八章「新・津波評価技術」に書く。

要するに、東京電力は報告書を先送りにして、何も対策しなかった。そして３・11大津波によって、重大な原発事故を起こしたのである。

## 専門家に意見書を書かせる

ここで、３・11大津波後へ時間を移したい。

福島第一原発事故により、ふるさとを離れ避難した人たちが、東京電力や国を訴えた。ふるさとを奪われ、避難して不自由なくらしを続けることを補償せよと訴えた。各地で裁判が開かれた。国からは証拠として、地震や津波の専門家の意見が出されている。「長期評価」は信頼できない、対策をするほどではない。

そのような意見を多くの専門家が意見書に書いた。

意見書はだいたい次のように始まっているようだ。


〈法務省訟務局の担当者から、平成二三年三月十一日に発生した東北地方太平洋沖巨大地震及び東京電力株式会社福島第一原子力発電所の事故に関連して、……について、意見を求められたため、下記のとおり、私の経歴について述べた上でこれらの事項についての意見を述べます。〉


国立大学に勤めている人は、国の代理人がいろいろ質問すれば、国の圧力を感じてしまうのではないか。質問に対する答え方次第で、

「予算などに影響してしまわないか」

と心配する人もいるような気がする。

仙台高裁の判決（二〇二〇年九月三十日）は、このような専門家の意見書を使った国の主

張について、次のように述べた（判決文一九三〜一九五ページ）。生業を返せ、地域を返せという福島原発訴訟で、全国の訴訟でも最大規模のものである。

〈……国は、本件事故後に本件訴訟や同種訴訟等のために証拠化された地震研究又は津波研究に係る専門家（津村博士（地震学者）、松澤教授（地震学者）、今村教授（津波工学者）、首藤名誉教授（津波工学）、谷岡教授（地震学者）、笠原名誉教授（地震学者）、佐竹教授（地震学者））らの回顧的供述を援用して、これら専門家は、「長期評価」の見解は単に「理学的に否定出来ない知見」という趣旨で公表されたものであって、それ以上の具体的根拠を有するものではなかった旨《むね》の見解を示していると主張する。〉

そして「長期評価」の見解は「否定できない」だけで、「これに書いてあるから正しい」と言えるものではない。このように専門家は言っている、というのだ。仙台高裁はこのような国の主張を認めなかった。しかし東京高裁は認めてしまった。「長期評価」は信頼性がない、津波は予見できなかった、よって国に責任はない……このような判決で、国に対する訴えが退けられるようになってしまったのである（東京高裁判決、二〇二一年一月二十一日など）。

## 仙台高裁判決

国の主張に対し、仙台高裁の判決（二〇二〇年九月三十日）は、津波の予見性を認め、次の点を指摘した。

「3・11大津波後の専門家たちの意見は、無意識にバイアスがかかっている。このバイアスは事故を防げなかった自分たちを正当化するものだ」

これはもっともな見解だと私は思う。

事故以前に国のしたことを判断するのに、事故が起こった後の意見をいくら集めてもしょうがないと、判決は言っているようだ。

〈……後日重大事故が発生した後になって、「長期評価」の見解の信頼性に当時から疑問を抱いていた旨の供述をどれほど集めたところで、それらが当時の一審被告国の不作為に対する違法性の判断にいかなる意義を有するか……〉

例として、東北大教授の今村さんの意見書（二〇一六年十二月十九日）がある。そこには次のように書いてある。

〈津波地震については三陸沖と福島沖・茨城沖との違いを示唆する理学的知見が存在したことから、既往地震について考慮する以外に、日本海溝沿いのどの地域でも発生すると取り扱うべきとはとても考えられなかった。〉

明治三陸津波が起こった三陸沖と、福島県沖や茨城県沖とは違うので、どこでも津波地震が起こるとは考えられないという意見である。

ところが今村さんは、二〇〇八年に、福島県沖の津波地震を想定するよう、東京電力に勧めている。このことは前に書いた。

このような事実から、判決は3・11大津波後の専門家の意見書はあてにならないとした。

さらに、次のように指摘している。

〈現実の事実経過は、本件事故前に「長期評価」等の重大事故の危険性を示唆する情報が公表されていたのに、その情報に係る警告が防災に役立てられないまま未曾有の大災害に至ったというのである……〉

〈……かかる事実経過に関与してしまった専門家の多くにとっては、自らが関与しながら、結果的に本件事故を防ぐことができなかった原因を「長期評価」の見解の信頼性の低さや未成熟性に求めることによって、自らの当時の対応を正当化し自らを納得させたいという無意識のバイアスがかかると考えられる……〉

津波地震の警告を役立てられなかった。大津波が起こって大災害となり、原発事故が起こった。自分は関係者でありながら、何もできなかった。

でも本当は正しいことをしたのだ。なぜなら、津波地震の警告は信頼できなかったからだ。だから何もしなかった。

このように、自分を正当化する行動を、無意識にとってしまうのだろう。

「長期評価」の津波地震の予測は、十分な根拠があるのかということが、原発事故に関連する裁判で争われた。東京電力の経営陣が起訴された刑事裁判の一審判決は、津波の予見性はなく、全員無罪だという。

二〇二三年一月十八日の二審の東京高裁判決も全員無罪だった。

## 「長期評価」をめぐる裁判

　やや専門的な説明を以下で書く。飛ばして次の章を読んでも、話はつながると思う。

「長期評価」の津波地震の予測は、十分な根拠があるのかということが、原発事故に関連する裁判で争われた。東京電力の経営陣が起訴された刑事裁判の一審判決は、津波の予見性はなく、全員無罪だという。二審も同様だった。判決の主旨をわかりやすく書いてみると、次のようになる。

　日本海溝に沿う海域が北と南で異なるにもかかわらず、「長期評価」は、津波地震がどこでも起こるとしている。最近の調査によれば、北部の海溝に堆積物があり、南にはないことがわかっている。海溝の堆積物が津波地震の発生に関連しているというのが最近の見方なのに、「長期評価」は堆積物の議論をしていない。よって、津波地震の予測の根拠は十分なものではない。津波の予見性はなく、全員無罪だ。

　しかし、この判決には、おかしな点がいくつもある。

　まず、海溝の堆積物が津波地震の発生に関連しているというのが最近の見方なのに、「長期評価」は堆積物の議論をしていないという点が誤っている。事実として、海溝に堆積物があってもなくても津波地震が起こる。このため、「長期評価」では堆積物の議論をしていない。堆積物の有る無しで、津波地震の発生場所は決まらないからだ。

「海溝の堆積物が津波地震の発生に関連しているというのが最近の見方」という点についても、誤解がある。明治三陸地震（津波地震）の説明に、海溝の堆積物を使う考えがあるのは事実だが、それはあくまでも明治三陸地震の説明のために過ぎない。海溝の堆積物がない場所で起こる津波地震については、別の説明がされているのだ。

次に、日本海溝に沿う海域が北と南で異なることについて述べよう。「最近の調査によれば、北部の海溝に堆積物があり、南にはない」という議論の、問題点を指摘する。

そもそも、日本海溝に沿う海域が北と南で異なるという考え方は、古い考えである。「長期評価」では、地震の起こり方を説明するプレートテクトニクス理論に基づいて、プレートが沈み込み始める場所（日本海溝付近）で津波地震が起こると判断した。プレートが沈み込み始める状態（プレートの構造）によるものと考えられるからだ。

実際、津波地震は世界各地の海溝付近で起こっている。また、津波地震を小型化したような小地震は、日本海溝付近のどこでも起こっている。日本海溝に沈み込むプレートの形状は、北から南まで大きな違いはない。

大地震の起こり方で北と南の海域を分ける考えがあるが、それは海溝付近より陸に近い場所の起こり方である。海溝付近では北でも南でも津波地震が起こるのである。最近の調査によれば、北部の海溝に堆積物があり、南にはないという。しかし、南の房総沖では津波地震が江戸時代に起こっている。論より証拠だ。延宝房総地震である。

問題となる海溝の堆積物について説明しよう。プレートが沈み込む様子は、排水溝にたとえられる。

排水溝が海溝で、沈み込む水が、プレートだ。水のようにプレートは沈み込むが、排水溝にはゴミが溜まることがある。この排水溝のゴミにあたるのが、海溝の堆積物だ。ゴミが水といっしょに流れていって、ゴミがたまらない排水溝もある。ゴミがたまる排水溝と、たまっていない排水溝があるように、堆積物がたまっている海溝と、堆積物がない海溝とがある。

一九九二年に南米のニカラグア沖で津波地震が起こった。ニカラグア地震と呼ばれる地震だ。この津波地震は堆積物のない海溝に沿って起こっている。日本からも、多数の研究者が現地へ行って調査をした。

また、堆積物のない海溝で津波地震が起こる仕組みを、海溝型分科会委員の佐竹さんが論文に書いている。ニカラグア地震について、他に三人の海溝型分科会委員が論文を書いた。

阿部さん、菊地正幸さん（東大地震研教授）、都司嘉宣さん（東大地震研助教授）だ。

要は、海溝に堆積物があってもなくても、津波地震が起こるのである。だから、堆積物について議論することはなかった。当たり前のことは書かないし、議論しないのである。「長期評価」は堆積物の議論をしていないから、津波地震の予測の根拠は十分なものではない」とした判決は、そのことがよくわかっていないように思われる。

裁判で引用される論文として、松澤・内田論文（松澤暢・内田直希「地震観測から見た東北地方太平洋下における津波地震発生の可能性」、『月刊地球』、二五巻、三六八～三七三ページ、二〇〇三年）がある。

この論文も、「福島県沖の海溝近傍では、三陸沖のような厚い堆積物は見つかっておらず、……地震が起きても、……大きな津波は引き起こさないかもしれない」と結論している。海溝に堆積物がないと津波地震は起こらないと考えて、福島県沖に津波地震は発生しない（かも）としたのである。堆積物のない海溝に沿って起きたニカラグア地震を、多くの日本人研究者が調査したのに、その知識は若い世代には伝わらなかったようだ。

江戸時代に房総沖で起こった津波地震、延宝房総地震にも言及しておこう。この地震が発生した場所は、『津波評価技術』に書かれているが（第二章の図の8番）、津波の被害は千葉県と茨城県沿岸が中心で、北は宮城県にも及んだ。

図を見ると、日本海溝の南の端で起こったように書かれているが、実際にはもっと北まで延びていたのだと思う。あまり延ばすと電力側に不都合なので、短くしたのではないか。

津波地震である延宝房総地震は、まさにこの、海溝に堆積物がない南の海域で起こっているのだ。

判決では延宝房総地震が津波地震であることは認めているが、堆積物のない南で起こったことの説明がない。判決そのものが、自己矛盾に陥《おちい》っているようである。

# 第七章

# 痛恨、津波マグニチュード8・2

## 「長期評価」はなぜ書き直しされたのか

二〇一一年3・11大津波で原発事故が起きる二年前、「長期評価」が改訂された。その時、明治三陸地震の津波マグニチュードを大きな値《あたい》に変える機会があった。変えていれば津波地震に注目が集まって、対策が進んでいたかもしれない。その経緯を以下で明らかにしていく。

二〇〇二年に発表された「長期評価」には、次の茨城県沖の地震のマグニチュードは6・6〜7・0、三十年以内に起こる見込みが高い（発生確率90％程度）と書かれていた。この発表のとおり、二〇〇八年五月に茨城県沖でM7・0の地震が起こった。この地震を新たに「長期評価」に書き加えなければいけない。

「長期評価」の書き直しについては、海溝型分科会（第一期）が解散していたので、長期評価部会で検討した。部会長の私は、「長期評価」を発表した後で、マグニチュードの値などが変わっている地震があれば直すように、と事務局に言った。古い地震のマグニチュードが、新しい調査によって変わることがあるからだ。マグニチュードは地震の揺れの発生もと

（源）、震源の大きさを示す値で、あちこちの揺れの大きさから決まる。

阿部勝征さん（東大名誉教授、第二～六章参照）はマグニチュードの専門家で、論文を幾つも書いている。マグニチュードについてなら、一日中でも話すことがあると言っていた。津波の高さから知ることができる津波マグニチュードは、阿部さんが考え出したものだ。

そして阿部さんは、二つのマグニチュードから津波地震を定める方法を提案した。津波マグニチュードの方が、揺れから求めるマグニチュードより0・5以上大きい場合、その地震を津波地震という。

「長期評価」では、阿部さんが決めた津波マグニチュードを使っている。明治三陸地震の津波マグニチュード8・2は阿部さんの論文の値だ（阿部勝征、「津波マグニチュードによる日本付近の地震津波の定量化」、「地震研究所彙報」、六三巻、二八九～三〇三ページ、一九八八年）。

阿部さんは二〇〇二年の「長期評価」発表後、二〇〇三年に『月刊地球』という科学誌に論文を書いた。そこには明治三陸地震の津波マグニチュード8・6とある。これは「三陸～房総沖津波地震」という特集号で、私も論文を書いている。当時、歴史に記録されている昔の地震のことが、よく知られていなかった。そこで、もっと関心を持って欲しいと思い、論文を書いたのだ。

「長期評価」の書き直しで、事務局の人たちはマグニチュードを変えようとしたのだと思う。阿部さんの論文を読んだのであろう。しかし、阿部さんから8・2（実際には8・2前後なので、詳しく言えば8・1〜8・3）のままでよいと言われたようだ。私は、論文をどう見るかは、書いた人と読む人とでは違うのが普通だと、事務局の人たちに説明をした憶《おぼ》えがある。地震調査委員会の委員長で、論文を書いた阿部さんが8・2のままというなら、理由はわからないがそれでよいのだろうと思った。そして明治三陸地震の津波マグニチュードは8・2のままとなった。

私はこの時のことを振り返るたび、

「なぜその時、二〇〇三年の阿部さんの論文を読み直さなかったのか」

と、苦い思いを感じていた。特集号の冊子は本棚のどこかにまぎれ、頭の中から消えていた。けれども、私が津波マグニチュード8・2を変えようと言っても、阿部さんは承知しなかっただろう。なぜそう思うのか。後になってわかったことを、次の節で書く。

長期評価部会では、二〇〇八年十二月十七日に「長期評価」の書き直し案（「三陸沖から房総沖にかけての地震活動の長期評価（案）」）の議論が始まり、二〇〇九年一月九日の地震調査委員会に案を提出。三月の地震調査委員会で承認され、会議後の記者レクチャーで発表された。

## 東京電力と阿部勝征さんとの会合

「長期評価」に従って、東京電力が福島第一原発での津波の高さを計算したことを前の章で書いた。高尾誠さんたちが高さ一五・七メートルの津波の対策を提案したが、武藤栄さん（原子力・立地本部副本部長）が「研究をやろう」と言って、土木学会に津波地震の検討をしてもらうことになった。それは「長期評価」が発表されてからちょうど六年後、二〇〇八年七月三十一日のことだった。

土木学会の検討で「津波評価技術」をリニューアルしてから、新版である最終報告を保安院に出す。中間報告では今の「津波評価技術」を使う。このやり方を事前に有力者に話して、了解をもらっておく……東京電力はこういう〝計画〟を立て、高さ一五・七メートルの津波を隠し、最終報告を先送りにした。そして計画通り、有力者へ根回ししたのである。

二〇〇八年十二月十日、東京電力は津波評価部会を辞めていた阿部勝征さんを訪ねた。阿部さんは、原発が地震で危険な状態になるのを防ぐ役目の委員会（保安院耐震・構造設計小委員会）の委員長であった。さらに、この委員会の中にできた会合（耐震・構造設計小委員会地震・津波・地質・地盤合同ワーキンググループ）の主査でもあった。その会合の役目は、電力会社から提出された報告を調べることだった。新指針による原発の見直しの中間報告である。

阿部さんは、二〇〇七年三月に東大を定年退職し、四月から地震予知総合研究振興会の地震研究センターの所長となった。このセンターで、高尾さんたちは東京電力のやり方を説明した。

その時の様子は、高尾さんの記録（福島地点津波評価に係わる阿部先生ご説明　議事録）で知ることができる。この記録は、3・11大津波後に検察庁で阿部さんが証言した供述調書に付いている。

高尾さんの記録によれば、阿部さんは「『津波評価技術』刊行後知見の蓄積があるので、改訂すべく研究をするのは非常によいことである」と、東京電力のやり方に賛成した。

阿部さんは次のように話したのだという。

〈「地震本部は、今後、福島沖〜茨城沖の地震評価を見直す予定はない」。〉

日本海溝沿いのどこでも起こる「長期評価」の津波地震はそのままとする、書き変えない、という意味だ。これは、東京電力が最も気にしていたことだと思う。なぜなら、この時「長期評価」の書き直し（改訂）が行われていたからだ。

長期評価部会で書き直し案が議論されたのは、二〇〇八年十二月十七日のこと。それよりも早く十二月十日の会談で、阿部さんは「長期評価」の津波地震は変えないと言った。阿部さんは、明治三陸地震の津波マグニチュードの値8・2を変えるつもりがなかったのだと思う。だから私が、阿部さんの論文を思い出して大きな値に変えるべきだと言っても、変わらなかっただろう。

## 福島第一原発に打ち上げる津波の高さ

二〇〇二年の「長期評価」発表後、二〇〇三年に阿部さんが書いた論文（阿部論文。詳しくは次節）によれば、明治三陸地震の津波マグニチュードは8・6だという。9・0という値もある。

このような値を使えば福島第一原発には、どのくらいの高さまで津波が打ち上がるのか、調べてみた。津波が陸上をさかのぼって、とどいた高さを打ち上げ高（遡上高）という。これは、これまで書いてきた「津波の高さ」とは違う。津波の高さ（浸水高）は、津波が押し寄せて来て、海岸に近い陸地が水びたしになった時の水（海水）の深さをいう。地面から測った、津波の高さである。

阿部さんは、打ち上げ高（遡上高）を予測する方法も開発している（阿部勝征、「地震と津波のマグニチュードに基づく津波高の予測」、『地震研究所彙報』、六四巻、五一〜六九ページ）。これを使って、打ち上げ高の最高値を計算してみた。

日本海溝沿いで津波地震が起こった時、福島第一原発での津波の打ち上げ高の最高値は、次のようになる。なお、これらの値は簡単な計算の結果だ。正確で詳しく津波の様子を計算するには、実際の海底や海岸の地形などが必要である。第一章で保安院が東京電力に要求した「津波の計算」では、コンピューターで実際の津波が伝わる様子を計算する。

日本海溝沿いで津波地震が起こるならば、次のようになる。
津波マグニチュードが8・2の場合、打ち上げ高の最高値は五・六メートル
津波マグニチュードが8・6の場合、打ち上げ高の最高値は一四メートル
津波マグニチュードが9・0の場合、打ち上げ高の最高値は三二メートル

「長期予測」は、明治三陸地震と同じような津波地震が、どこでも起ると警告している。福

島第一原発が高さ一四メートルの津波に襲われると、五号機の原子炉を冷やし続けることができず、危険な状態となる（第六章、溢水勉強会の結果）。津波マグニチュードが8・6以上なら、原発が大事故を起こすおそれがあることはわかっていたのだ。

明治三陸地震の津波マグニチュードを8・2から8・6、あるいは9・0に変えるチャンスがあった。しかし、阿部さんは8・2のままでよいとした。私も阿部さんの言うとおりにしてしまった。この時数値を変えていれば、津波対策が進んだかもしれないのだ。

## 阿部論文を詳しく紹介する

やや専門的な説明を以下で書く。飛ばして次の章を読んでも、話はつながると思う。

前に書いたように「長期評価」発表後、二〇〇三年に阿部さんが科学誌に論文を書いた。ここでは阿部論文と呼ぼう（阿部勝征、「津波地震とは何か ―総論―」、『月刊地球』、第二五巻、三三七～三四二ページ、二〇〇三年）。

阿部論文の中で、その後の研究によってわかったこととして、明治三陸地震が書かれている。これまでの津波マグニチュード8・2は実際の値より小さいようだと書かれている。

だがよく読むと、実際には前からわかっていたはずのことだ。

8・2が実際の値より小さいと思う理由が、三つある。

まず三カ所の津波の高さだけから得られた値にすぎないという。でも、それは最初からわかっていることだ。

二番目の理由は、打ち上げ高からみて、もっと大きいはずだという。

阿部さんの四年前の論文の図に、明治三陸地震がのっている（阿部勝征、「遡上高を用いた津波マグニチュードMtの決定」、『地震』、第二輯《しゅう》、五二巻、三六九～三七七ページ、一九九九年）。図は、津波マグニチュードが9・0であることを示している。

しかし、明治三陸地震の津波マグニチュードは、文字では8・2となっていて9・0とは書いていない。阿部さんは大きすぎるのではないかと思ったのだろう。自信がなかったのかもしれない。図には描いても、字には書かなかった。

明治三陸地震の津波マグニチュードが8・2では小さすぎるという三番目の理由。それは、測られた津波の高さが実際より低いということだ。日本国内三カ所の記録では、津波の高さが実際より低く記録されているおそれがあると、阿部さんは書いた。海面が激しく上下すると、その動きに計器が追いつけないためである。これは一九八三年の日本海大津波で明らかになったことだから、前からわかっていたはずだ。

阿部論文は、9・0は大きすぎるとして、次のように続く。

〈そこで今後は、環太平洋の計器観測を重視して、……海外のデータから求めた8・6を採用することにする。〉

日本ではなく、外国の津波の高さから求めると、津波マグニチュードは8・6になると言うのだ。そして外国の津波の高さを重くみて、8・6が採用された。

「長期評価」をつくるとき（二〇〇二年）、なぜ8・2は小さいと阿部さんは言わなかったのだろうか。なぜ阿部論文で（二〇〇三年）8・6と書いたのか。そして、「長期評価」の書き直しで（二〇〇八年）、8・2のままにしたのはなぜか。

「長期評価」を書き直すとき、明治三陸地震の津波マグニチュードを少なくとも8・6にすべきだった。マグニチュードの専門家である阿部さんが「長期評価」発表の翌年（二〇〇三年）に書いた論文では、8・6を採用したのだから。しかし阿部さんは変えなかった。

津波の被害のことを考えると、打ち上げ高（遡上高）から計算された津波マグニチュード9・0の方がより正しかったかもしれない。打ち上げ高は、被害の程度を示すと思われる。9・0に書き直したら、大きなニュースになって対策が進められたかもしれない。

二〇一一年3・11大津波の約一ヶ月後に、阿部さんは私にメールをくれた。阿部論文のことが書いてあった。

〈遡上高からは津波マグニチュード9・0です。これは過大評価気味としていますが、今となってはどうでしょうか。〉

地震後に考えてみれば、9・0が正しかったのではないか、ということだろう。本棚を整理したとき、阿部論文がのっている特集号の冊子を見つけた。阿部論文に書かれている津波マグニチュード8・6や、9・0の数字は蛍光ペンで強調されていた。この論文を読んだ二〇〇三年に、書き直すときには変えなければと思ったからだと思う。

書き直しの時に、このことを思い出せなかったことを、私は悔やんでいた。しかし、今では結局8・2のまま変えられなかったのではないかと思う。津波の専門家で地震調査委員会委員長の阿部さんが8・2を主張したのだから。

# 第八章

# 東京電力が影で動かす『新・津波評価技術』

## 東京電力による専門家への根回し

東京電力が津波の計算をしたところ、「高さ一五・七メートル」という数値が出た。早急に津波対策を始めなければならない高さだ。だが東京電力は、費用も労力もかかる津波対策を避けたい。そのためこの計算結果を秘密にした東京電力は、土木学会の委員会を操って、新しい『津波評価技術』をつくろうとしていた。津波対策なしで原発見直しの最終報告が認められることを、東京電力は目論んでいたのではないか。

二〇〇八年七月三十一日、東京電力原子力・立地本部副本部長の武藤栄さん（第六・七章参照）は津波対策を延期して、土木学会に「長期評価」を検討してもらうことにした。

原発見直しの最終報告書は、二〇〇九年に出すことになっていたが、東京電力は二〇一二年まで延期する。二〇一二年完成予定の新しい『津波評価技術』に従って最終報告をするため、というのが延期の理由である。この新しい『津波評価技術』を『新・津波評価技術』と呼ぶことにする。

土木学会に「津波地震」を検討してもらってから対策をする、という武藤副本部長のやり方について、東京電力は専門家たちに説明を始めた。「検討ではなく対策を始めよ」などと反対意見が出ないよう、根回ししたのである。

土木学会に研究してもらうやり方は前にもあった。第一章に書いたように、『津波評価技術』をつくってもらい、『四省庁報告書』を使わないようにした。今度は、『新・津波評価技術』をまとめてもらい、対策をせずにすまそうとしたのだろう。

津波評価部会で三年くらい検討してもらい、『新・津波評価技術』ができたら、それに従って原発見直しの最終報告を出す。中間報告の方は、いまの『津波評価技術』を使うことで良いとする。津波の対策は、最終報告に間に合えば良いことになる。以上のことを、まず専門家に説明する。

了解を得てから、保安院に要求する。そうすれば、保安院から最終報告を出せと言われても、『新・津波評価技術』ができる時まで、引き延ばすことができる。

この先送りについて反対意見が出ないよう、東京電力は保安院で原発見直しの報告を調べる役目にある阿部勝征さん（第二〜七章参照）に説明した（前章参照）。

津波評価部会の先生たちにも東京電力の高尾誠さん（第一・二・六・七章参照）たちが会って説明した。

二〇〇八年十月十六日に、津波評価部会主査の首藤伸夫さん（東北大名誉教授、日本大学教授、第二・六章参照）、十七日に佐竹健治さん（東大地震研究所教授、第一・二・六章参照）、二十三日に高橋智幸さん（秋田大学准教授）、二十八日に今村文彦さん（東北大教授、第一・二・六章参照）に説明した。

東京電力の書類に、説明の結果が、順に◎〇△◎と書かれている。◎の首藤さんと今村さんは、東京電力の提案に賛成した。

〇の佐竹さんは、東京電力のやり方が良くないとは言わなかった。福島第一原発の見直しの参考として、書いたばかりの論文を高尾さんに渡した。平安時代、東北地方で「貞観地震」と呼ばれる大揺れと大津波を起こした地震があった。この貞観地震の断層モデル（第五章参照）を推定した論文である。

△の高橋さんは一般の人に説明しなければいけないと言った。「長期評価」には日本海溝沿いのどこでも津波地震が起こると書かれている。福島県沖に津波地震を考えないのはなぜか。理由をきちんと説明する必要があると発言した。

高橋さんと今村さんは、津波評価部会の委員であると同時に、保安院の委員会の委員でもある。各電力から出された中間報告を調べるための会合の委員だった。

## 見直しの中間報告が認められた

新指針が二〇〇六年にできて原発の見直しが始まったが、なかなか進まなかった。他方、保安院は二〇〇八年三月までに中間報告を出すよう電力会社に通知したことを、前の章で書いた。

中間報告がどのように検討されたのか、書いておく。地震の強い揺れなどで、原発が危険にならないよう、保安院に委員会（耐震・構造設計小委員会）がつくられた。二〇〇五年のことである。経産省原子力安全・保安部会員であった阿部さんが、この委員会の委員長となった。そして、新しい指針による原発の見直しを調べることとなった。中間報告を調べるための会合（耐震・構造設計小委員会地震・津波・地質・地盤合同ワーキンググループ）をつくり、阿部さんはまとめ役の主査となった。

期限の二〇〇八年三月には、各原発から多くの中間報告が集まった。中間報告を調べる途中で、阿部さんは、纐纈一起さん（東大地震研究所教授、地震本部強震動部会委員、地下構造モデル検討分科会主査）と交代した。纐纈さんは地震の強い揺れの研究者だ。

阿部さんは、地震調査委員会委員長、中央防災会議委員となり、二〇〇八年四月に東海地震の判定会（地震防災対策強化地域判定会）会長となった。判定会長と地震調査委員会委員長とに専念したいと二〇〇九年五月、中間報告を調べる会合の主査を辞めた。

阿部さんに代わり、二〇〇九年六月から纐纈さんが主査となった。六月二十四日の第三十三回会合で、岡村行信さん（産業技術総合研究所活断層研究センター、チーム長。以下、産業技術総合研究所は産総研と略す）が、福島第一原発の中間報告を批判した。貞観地震の揺れが無視されているというのである（この件に関して、詳しいことは次の章に書く）。

一方、原子力安全委員会（第一章参照）では二〇〇七年十二月に、原発見直しの報告を検討する委員会（耐震安全性評価特別委員会）をつくった。この会合の委員長は、入倉孝次郎さん（愛知工業大学地域防災研究センター客員教授、一九九九〜二〇〇二年日本地震学会会長）である。入倉さんは地震の強い揺れの研究者で、入倉さんが開発した揺れの計算法は、原発で使われるようになっていた。

この委員会には、山岡耕春さん（名古屋大学地震火山・防災研究センター長、原子力安全委員会核燃料安全専門審査会審査委員・耐震安全性評価特別委員会委員）が加わっている。山岡さんは、後に日本地震学会会長（二〇一六〜二〇二〇年）を務めた。

福島第一原発（五号機）見直し（バックチェック）の中間報告は、保安院により二〇〇九年七月に、原子力安全委員会により十一月に認められた。

## ないがしろにされた「長期評価」

津波地震への対策の先延ばしは二〇〇八年夏のことで、ちょうど電力各社でどのようなことを研究するのか、予算を決める時期にあたっていた。そこで二〇〇九年度から土木学会に研究委託が始まった。

津波地震が福島県沖に起こらない、とするのはもう無理な状態となっていた。そこで、電力各社は、別の〝作戦〟を考えた。

日本海溝沿いのどこでも同じように津波地震が起こる、というのが「長期評価」の見解だ。これに対し、「南で起こる津波地震と、北で起こる津波地震は違う」ということにしようとしたのである。津波地震を南北に分類したうえで、福島第一原発のある南でなく、北の方に意識を向けさせる作戦だ。

この流れを受けた津波評価部会の二〇〇九年のアンケートは、どこも同じか、南北でちがうのか、北は大きく南は小さいのか、となっている。「南の津波地震は小さい」として、福島県沖での津波対策は不要だということにしたかったのだろう。

南の津波地震は、一六七七年の延宝房総地震（第五章参照）である。揺れは小さかったが、大津波で大勢の人が亡くなった。遠く宮城県まで津波の被害がある。海溝に近い場所で津波地震が起こったと「長期評価」は判断した。過去四百年間に起こった三つの津波地震の一つである。

この地震については茨城県が調査をして断層モデル（第五章参照）をつくった。茨城県を指導した委員会（茨城沿岸津波浸水想定検討委員会）の委員長は茨城大学教授の三村信男さん、副委員長は東北大教授の今村さんだ。また産総研の佐竹さんが加わっている。委員会は二〇〇五～二〇〇七年に四回開かれた。二〇〇七年十月には結果が発表されている。

延宝房総地震の断層モデルは、茨城県と千葉県北部の津波の記録を使ってつくられた。この江戸時代の房総沖地震の津波マグニチュードは8程度とされていたが、8・3となった。これでは、津波マグニチュード8・0～8・3の明治三陸地震と変わらない。

東京電力が「津波評価技術」のやり方で、延宝房総地震が福島沖で発生した場合の福島第一原発での津波の高さを計算した。

それによると、高さ一三・六メートルの津波となることがわかった。明治三陸地震の場合と比べると低くなるが、敷地をはるかに越えることは変わらない。

東京電力は対策をしなかったが、日本原電（日本原子力発電株式会社）は茨城県の東海第二発電所に対策をした。そのため3・11大津波で、かろうじて事故を起こさずにすんでいる。このように対策をしていれば、津波事故は防げたという証左である。

東京電力によると、津波評価部会は二〇一〇年十二月の会合で、津波地震が起こる場所を南と北に分け、起こる地震に違いがあることにした。「北部地域では「一八九六年明治三陸沖」、南部では「一六七七年房総沖」を参考に設定する」との方針に異論がなかったという。ただし、発表されている議事録に、このようなことは書かれていない。

## 間に合わない対策

防潮堤をつくって高さ一五・七メートルの津波に備えるには、四年の歳月がかかり、数百億円が必要だ。これは、高尾さんたちが二〇〇八年春から夏に検討していたことである。しかし同年七月三十一日に、武藤副本部長がこの対策をひっくり返した。

そして、『新・津波評価技術』に従って福島第一原発の最終報告を出す、と東京電力は言った。その『新・津波評価技術』ができるのは、二〇一二年十月の予定だった。その後すぐに、東京電力は耐震バックチェック（見直し）の最終報告を保安院へ提出する。そのような予定になっていた。

ところが、これでは対策をせずに報告書を出すことになる。対策してから報告書を出す。これが常識であった。保安院の名倉繁樹さん（原子力発電安全審査課安全審査室安全審査官、第八・九章参照）は、政府事故調の聴取で「最終報告を提出する時は、その中で指摘された問題については対応済みであることが前提となる……」と言っている（聴取結果書、二〇一一年九月五日、四ページ）。どこにも書いてないが、「暗黙のルール」だと言う。

そもそも時間がなかった。武藤副本部長が対策をひっくり返さなかったとしても、対策が間に合ったかどうか。二〇〇八年夏に対策を始めて、四年かかれば二〇一二年夏に完成する。「新・津波評価技術」ができる二〇一二年十月にはなんとか間に合って、最終報告を保安院へ提出できる。すんなりいったとしても、ぎりぎりのスケジュールである。

ところが二〇〇八年夏、対策はひっくり返されたのだ。

日本海溝沿いの津波地震を、北と南に分ける案がでた。その議論の中で、想定する津波の高さは少し減ることになった。しかし、津波が福島第一原発の敷地を大きく越えることに変わりはない。

すぐに対策を始めるしかない。誰でもそう思うはずだ。しかし東京電力は、何の対策もとらなかった。そして、土木学会に再調査を依頼し、その間東京電力は「何もしない」という武藤副本部長が決めた方針を守ったのである。

二〇一〇年七月に、東京電力で人事異動があった。高尾さんは土木調査グループのマネージャーになった。そして八月に、津波対策ワーキンググループをつくった。津波対策の工事について、検討できる場ができたのだ。

でも、『新・津波評価技術』が発表される二〇一二年十月には間に合わない。対策の工事は四年もかかるからである。

「間に合わないが、いつまでにどのような対策をするか、予定が決まっていることを目指していた」

と、高尾さんは刑事裁判で証言している。

国会事故調によると、東京電力内部では耐震バックチェックの最終報告を二〇一六年一月に提出することになっていた（報告書本編、一〇ページ）。『新・津波評価技術』ができてから対策を始め、工事が完成してから最終報告をすることを考えていたのかもしれない。

しかし私は、別の可能性の方が高かったのではないかと思う。それは、『新・津波評価技術』ができる二〇一二年十月までに、津波対策をしなくてよい、と保安院が認める状況をつくり出すことだ。

最終報告を提出する期限が迫っているにもかかわらず、東京電力は何の対策も始めていない。これはおかしい。二〇一一年の3・11大津波の直前には、まさにそのような、対策不要との主張を保安院が認める状況ができつつあるところだったのではないか。以下では、その可能性を探る。

## 対策をとるのも一つ。無視するのも一つ

東京電力の高尾さんたちが阿部さんを訪ねたことを、前の章に書いた。見直しの最終報告は、津波評価部会の『新・津波評価技術』に従って書くので、それまで報告を遅らせたい。この津波対策の先延ばしを、阿部さんは認めた。二〇〇八年十二月のことである。

東京電力のまとめによれば、阿部さんは津波地震について、次のように言った。

〈地震本部がそのような見解を出している以上、事業者はどう対応するのか答えなければならない。対策を取るのも一つ。無視するのも一つ。ただし、無視するためには、積極的な証拠が必要。〉

「長期評価」では、日本海溝に沿ってどこでも津波地震が起こると言っている。もし、これ

を無視して対策をとらないならば、とらなくて良いことを示す証拠が必要だ。そして続けて、福島第一原発に近い場所で、津波堆積物を調べてはどうかと、阿部さんは提案した。

津波で陸地に打ち上げられた小石、砂などを探し、海岸からどれほど遠くまで津波が来たのか、海面からどれほど高い場所まで津波が来たのか、どれほど昔に津波が来たのかなどを調べる。

どこでも津波地震が起こるならば、原発の沖合でも過去に起こったはずだ。だから、過去に津波が来た証拠があるはずだ。津波堆積物を調べてはどうか。津波が来なかったことがわかれば、対策を取らずにすむだろう。

## 東京電力の津波堆積物調査

次の章で書くように、貞観地震の津波堆積物は二〇〇五年から五年計画で調べられていた。産業技術総合研究所は宮城県の石巻平野や仙台平野で調査した。

産総研の佐竹さんは東京電力の高尾さんたちに、貞観地震の断層モデル（第五章参照）の論文をわたしている（二〇〇八年十月）。石巻平野や仙台平野で、海岸から離れた場所まで津波が押し寄せたことが説明できる断層モデルだ（佐竹健治・行谷佑一・山本滋「石巻・仙台平野における八六九年貞観津波の数値シミュレーション」二〇〇八年、『活断層・古地震研究報告』、八巻、七一〜八九ページ)。

一方、東北大教授の今泉俊文さんのグループは、福島第一原発の敷地から北へ二キロの地点で貞観津波の堆積物を見つけた。この新しく発見された浪江町の堆積物は、佐竹さんが渡した論文では、まだ説明できていない。別の断層モデルが必要だ。それは、後につくられた(行谷佑一・佐竹健治・山本滋「宮城県石巻・仙台平野および福島県請戸川河口低地における八六九年貞観津波の数値シミュレーション」二〇一〇年、『活断層・古地震研究報告』、十巻、一〜二一ページ)。

調査結果によって、断層モデルは新しくなっていく可能性がある。だが、福島第一原発より南では、調査がされていなかった。

阿部さんが津波堆積物の調査を提案した翌年、二〇〇九年七月に東京電力の人たちが、産総研の岡村さんを訪問した。津波堆積物の調査をするというと、岡村さんは、調査は産総研が十分にした、それより早く津波の対策をせよと言った。岡村さんは裁判でも、「調査しても無駄だ、先に対策した方がいいと東京電力に言った」と証言している。東京電力の経営陣を訴えた株主代表訴訟、二〇二一年二月二十六日東京地裁でのことだ(添田孝史、「追い込まれた武藤・武黒被告」、福島原発刑事訴訟支援団オンラインセミナー、二〇二一年九月二十二日)。

さらに岡村さんは、東京電力が二回目の訪問で調査結果を持ってきたときには、これでは津波が来なかったという証拠にならないと言った。対策が先だと言ったのは、産総研がつくった断層モデルを打ち消すことがでないから、とのことである。

貞観津波を調べていた五年計画は、二〇〇九年度が最終年度であった。そのころ産総研のグループと大学のグループは、計画全体の成果をまとめており、新しい調査はしていなかった。新しい調査をしたのは、東京電力であった。

## そして対策はされなかった

対策をしてから報告書を出す。これが電力会社と保安院の常識だった。しかし、東京電力は対策をしなかった。「研究する」と称して津波対策を先送りした。

二〇〇九年に東京電力は堆積物を調査し、二〇一〇年の春に、その結果が出た。そして二〇一一年の五月に学会で発表した（及川兼司・高尾誠・宇佐見光宣・宮脇理一郎、「福島県沿岸周辺における津波堆積物調査」）。東京電力の高尾誠さんは、共著者の一人だ。学会での発表は、3・11大津波の後となった。

学会では、発表前に発表の内容を短くまとめたものを提出する。二〇一一年の冬、3・11大津波の前に高尾さんたちは学会に提出した。今でも学会のサイトに載っている（日本地球惑星科学連合2011年度連合大会－大会プログラム。講演番号はSSS32－P25）。

高尾さんたちの講演は幕張メッセのコンベンションホールで行われた。3・11大津波後、五月二十五日のことである。ポスター発表の内容は予定どおりであった。

東京電力が堆積物の調査をしたのは、福島県の浜通り、沿岸地域の五カ所だ。福島第一原発の北の二カ所では、津波堆積物が見つかった。貞観津波のものと思われる。どちらも、これまでの調査結果と変わるところはない。

他の一カ所は、福島第一原発より南で、福島第二原発より北の地点である。さらに福島第二原発より南の二カ所で調査が行われた。これら、福島第一原発より南の地点では、貞観津波の堆積物は見つからなかった。

富岡町からいわき市にかけては、過去三千年にわたって津波堆積物は認められなかった。したがって、これらの地点で標高四～五メートルを越える津波はなかった可能性が高いと結論している。

かつて東京電力は、海底地形が詳しくわかったので「津波評価技術」によって津波の計算をやり直している。その結果、基準津波の高さは六・一メートルとなった。海水ポンプの位置を高くするなど対策をして、保安院へ報告した。高さ四～五メートルの津波なら、これで対応できるだろう。

本当に津波堆積物は無かったのか？　二〇一〇年五月に、東京電力から調査結果を聞いた保安院の名倉さんが証言している（政府事故調の聴取結果書、二〇一一年九月五日、七ページ）。

その証言とは、東京電力は堆積物の出ないポイントを選定したのではないかと疑った、というものだ。

また、3・11大津波の八日前（二〇一一年三月三日）の秘密会議（後で書く）では、地震本部事務局の北川貞之さん（地震・防災研究課地震調査管理官）と東京電力とで、次のようなやりとりがあった。

〈北川管理官：堆積物が無いからと言って、津波が来ていないとは言い切れないのではないか？

東京電力：その点は承知しており、少なくとも堆積物はないということ。〉

北川さんの指摘通り、堆積物が無いからといって、津波が来なかったとは言えない。津波が押し寄せてくると、寄せ波で砂や小石が運ばれる。その後、引き波で砂や小石は海に運ばれてしまう。そうすると、何も残らない。だから、津波が押し寄せてきても、その証拠（堆積物）が残るとは限らないのだ。運ばれてきた砂や小石が溜まる場所、池、くぼ地などを探し、そこで調査しなければならない。

また、海岸に沿って、どこでも調査ができるとは限らない。土地の持ち主から許可をもらわなければならない。だから、調査ができる場所はかぎられているし、実際に調査された場所も少ない。

新しい調査結果が発表されると、新しい断層モデルがつくられ、津波の計算結果は変わることになる。

福島第一原発より南では、高さ四～五メートルを越える津波はなかった可能性が高い。このように東京電力の発表は結論している。

この数字を使って、貞観津波の断層モデルをつくり、二〇一二年の学会で発表する予定だった。福島第一原発は、六・一メートルの津波の高さに備えていたので、対策は必要ないと言い張るつもりだったのではないだろうか。

貞観津波の調査が産総研のグループや、東北大のグループで行われた。どちらも調査をした場所は、福島第一原発の北だけだった。その後で、東京電力が調査をした。それは、福島第一原発の南だった。貞観津波の堆積物は、福島第一原発の北で見つかり、南では見つからなかった。これらの結果に基づいて、新しい断層モデルを東京電力が提案する。そうなれば、東京電力のモデルがそのまま使われることになるだろう。

新しい調査がされない限り、この東京電力の断層モデルが力をもつことになる。産総研も東北大も調査を終えている。調査費用をまかなった五年計画は終了した。

当時、津波堆積物が調査された場所は限られていた。だから新しい調査を始めるならば、これまで調査されていない場所を調査する。普通、研究者はそうする。東京電力側は、「津波対策は必要ない」とする新たな断層モデルが使用されれば、当分の間は大丈夫と考えただろう。

## 貞観地震の断層モデルは使えない

津波堆積物調査の国際的パイオニアである東北大の箕浦幸治さんのおかげで、貞観津波は早くから調査されていた。そして前に書いたように、新しい調査結果によって、貞観地震の断層モデルが改良されていった。そこに新たに東京電力の断層モデルが加わる。それは二〇一一年秋の学会（日本地震学会秋季大会）で発表する予定であった。

この東京電力の断層モデルが使われるように、あらかじめ準備をする必要があったと思われる。

3・11大津波の九日前（三月二日）に津波評価部会が開かれた。この会合で確認されたことが東京電力の資料に書かれている。三月七日に保安院に提出した資料で、貞観津波の取り扱いについて重要なことが言及されている。

〈断層モデルとしての成熟度が低い（諸元の不確実性が高い）ため、次回の改訂で取り込むのは時期尚早、継続して知見を収集する。〉

貞観地震の断層モデルは、まだ使える段階にはない。だから、「新・津波評価技術」には書かないということだ。これを津波評価部会で確認した。東京電力によると、この方針に異論はなかったという。

もし『新・津波評価技術』に貞観津波の断層モデルが書かれていれば、その断層モデルを使わなければならない。最終報告は『新・津波評価技術』に従って書くことになっているからだ。

しかし、「まだ十分な断層モデルはできていない」と書いておけば、東京電力の断層モデルを使うことができる。新たな基準となるモデルが示されなければ、『新・津波評価技術』が出た時点における最新の断層モデルは、東京電力が提案したものということになるからだ。

驚くことは、津波評価部会の議事録には何も書かれていないことだ。議事録にはコメント、質問、回答が書かれているだけ。何を決めたのかが書かれていない。土木学会は3・11大津波後に、この議事録を公開した。ところが議事録には肝心のことが書かれていないのだ。

単に隠すより、隠していない振りをして、実際には隠していた方が悪質だと、私は思う。

津波評価部会の翌日、東京電力はさらに入念な準備をする。二〇一一年三月三日（3・11大津波の八日前）のことだ。東京電力は、日本原電、東北電力とともに、地震本部の事務局と秘密の会合を持ったのである。

地震本部では、貞観津波への警告を発表する予定だった。「長期評価」の改訂が決まっていたからだ。これを「長期評価」第二版と以下で呼ぶ。東京電力は、この第二版の発表について、内容を変えろと要求したのである。

貞観地震の断層モデルはまだ使える段階にはないと、『新・津波評価技術』に書く。「長期評価」第二版はどうか。貞観地震の断層モデルが「長期評価」第二版で使われていると困る。こちらも、まだ使える状態にはないと主張しよう……東京電力はこのように考えたのではないか。

はじめ東京電力は、「貞観地震の波源域《はげんいき》（断層で海底が上下する範囲）もわかっていないのでそれがわかる書き振りにしてほしい」と要求した。断層モデルどころか、貞観地震がどこで起こったかもわかっていないと主張したのだ。しかし、地震本部事務局は東京電力の要求を断った。産総研の断層モデルが既にあるので、それを書くと言った。

「長期評価」第二版では、貞観地震について次のように書かれている。

〈……この地震の震源域は少なくとも宮城県沖と三陸南部海溝寄りから福島県沖にかけての海域を含み、……この地震の規模はM8・3程度と推定される。〉

地震が起こった場所は、宮城県沖とその沖合の三陸南部海溝寄りの海域と、それらの南の福島県沖とした。地震の揺れの発生もと（源）、震源（第七章参照）は、点のような狭い場所ではなく、広がりを持っている。その広がりは、大地震ほど広い。貞観地震は「宮城県沖とその沖合の三陸南部海溝寄りの海域と、それらの南の福島県沖」で起こったと書かれた。これは震源の広がり（震源域）を表している。

そこで東京電力は、貞観地震以外の地震がどこで起こったかはわかっていないと主張した。

この主張が通れば、「貞観地震と貞観地震以外の地震が、同じ震源域で起こっている」とは言えなくなる。「貞観地震が繰り返していると誤解されないようにして欲しい」とも要求した。

この主張はうまくいった。「長期評価」第二版がどのように変えられたかを見ると、東京電力の要求がよくわかる（京大教授の橋本学さんが開示請求して得た文書が論文に載っている。橋本学・島崎邦彦・鷺谷威、「二〇一一年三月三日の地震調査研究推進本部事務局と電力事業者による日本海溝の長期評価に関する情報交換会の経緯と問題点」、『日本地震学会モノグラフ』、第三号、三四〜四四ページ）。

「長期評価」第二版には、「……貞観地震の震源域は推定できたものの、貞観地震以外の震源域は不明である」と専門家向けの説明文に書かれていた。これが、メディアや行政担当者（保安院も含む）向けの主文へ移された。で、新たに次の部分が「長期評価」第二版に追加された。

〈……貞観地震が固有地震として繰り返し発生しているかについては、これを判断するのに適切なデータが十分でないため、さらなる調査研究が必要である。〉

固有地震とは、同じような規模で、ほぼ同じ場所で繰り返し起こる地震。東京電力の要求によって加わった部分は、貞観地震に注意するようにとの警告を弱くした。だが、津波が繰り返し起こっていることは事実なのだから、警戒しなくてはならないと考えるのが普通だろう。

そして、東京電力が最も言いたかったであろうことが、「長期評価」第二版に加わった。

〈貞観地震については津波堆積物調査等から断層モデルが推定されたが、今後新しい知見が得られれば、断層モデルが改良されることが期待される。……〉

東京電力は、既に学会に予稿を提出していた。そして五月に学会発表をすることにしていた。貞観津波の堆積物について、新しい知見を発表する予定だったのだ。福島第一原発より南では、貞観津波の堆積物は見つかっていないという新知見である。

さらに、十月には別の学会で新しい断層モデル、東京電力の断層モデルを発表する予定になっている。「長期評価」第二版に加えられた、「今後新しい知見が得られれば、断層モデルが改良されることが期待される」という文章は、まさにそのことを指しているように見える。

三月七日に東京電力は保安院に最終報告の予定を説明した。次の章でも触れるが、福島第一での津波高さ一五・七メートルの数字を保安院へ伝えた会合である。この数字は津波堆積物の調査結果と矛盾すると言いたかったのだろう。東京電力の予定どおりにものごとは進んでいたようだ。

東京電力は津波堆積物の調査結果を図に示した（聴取結果書、小林勝、二〇一一年九月三十日、添付資料）。福島第一原発の北の相馬市、南相馬市での貞観津波の打ち上げ高（遡上高、第七章参照）は、五〇センチ以上、四メートル未満と推定。南にある、富岡町、広野町、いわき市では、貞観津波による堆積物は認められなかった。他機関の結果と合わせて断層モデルを検討している。このように資料に書かれていた。

これらから見えてくるのは、次のような手順（私の想像）である。

一、二〇一一年五月に東京電力に都合の良い、津波堆積物調査結果を学会で示す。

二、二〇一一年十月に東京電力に都合の良い、断層モデルを学会で示す。

三、二〇一二年十月に『新・津波評価技術』がまとまる（貞観地震の断層モデルは書かれていない）。

四、福島第一原発の見直し耐震バックチェックの最終報告書を提出する。貞観地震についてては、自分たちの断層モデルを示して、津波対策は必要ないと書く。津波地震については、自分たちの調査結果を示して、高い津波は来なかったと書く。そして対策をしない。

3・11大津波直前の準備を見ていくと、この想像は間違っていないと思う。

津波評価部会で、貞観地震のモデルは未完成だとした。

そして、もう一方の地震本部との秘密会議では、新しい調査によって貞観地震の断層モデルの改良が期待されるという、東京電力モデルの〝前宣伝〟を「長期評価」第二版に入れた。

既に六・一メートルの高さの津波に備えているから、対策は不要だと主張する。保安院には、『新・津波評価技術』を見よ、「長期評価」第二版を見よ、と言って主張をとおす。

こうした悪知恵計画は、3・11大津波で崩れたのである。

# 第九章

# 陸の奥まで襲う津波

海岸から遠く離れた場所まで襲う津波への警告のため、「長期評価」第二版がつくられた。ところが地震本部事務局は発表を遅らせ、事前に東京電力に見せて内容を書き換えた。そのため「長期評価」第二版には、対策の先送りを図る東京電力にとって都合のよい文章が加えられたのである。

## 貞観地震の大津波

海岸から遠いところまで襲う津波の恐ろしさは、平安時代から記録されていた。海がふくれて、わきあがるように大波が川をさかのぼり、押し寄せ、すべてが海となる。どこまでが陸地だったのかわからない。平安時代の中頃、西暦八六九年（貞観十一年）の大地震（貞観地震）は、仙台の北にある多賀城の建物を激しい揺れで崩し、地を裂き、人々を家の下敷きにした。それればかりではなく、多賀城の城下の千人もの人々を津波で溺れ死にさせた。

この貞観地震は津波地震ではない。津波地震なら激しく揺れない。ところが貞観地震では揺れで建物が崩れている。

多賀城は九州の太宰府のような、国を守る城である。役人が交代でやってきて、歌が読まれ、その珍しい景色は京の都で話題となった。

百人一首の「契《ちぎ》りきな　かたみに袖をしぼりつつ　末の松山　波こさじとは」（作者は清《きよ》原元輔《はらのもとすけ》、清少納言の父）の「波」は、この貞観津波に由来する（吉田東伍「貞観十一年陸奥府城の震動洪溢」、『歴史地理』、第八巻、第十二号、一九〇六年）。あの大津波が襲っても越えることができない山のように、不変の愛を涙ながらに誓いましたね、という歌である。ちなみに3・11大津波も末の松山を越えなかった。

幸いにして、末の松より下にある宝国寺の住職さん宅までは、津波が届かなかったのである。

二〇〇二年の「長期評価」発表時には、貞観地震がどんな地震なのかは、よくわからなかった。このため、大きな宿題として残されていた。多賀城と城下での被害と、白河の関（福島県）より北で大揺れしたことしか記録されていない。

「長期評価」では、地震や津波の取りこぼしのない、記録のもれがない最近の四百年の記録を使った。

貞観地震の後、江戸時代まで東北地方では大地震の記録が残されていない。もしかしたらその間、貞観地震のような地震が起こっていたかもしれないが、記録はない。だから漏れがない最近四百年間の記録が使われた。

ところが、実は一五〇〇年頃に同じような津波に襲われていたのだ。後になって、一四五四年の津波の記録が見つかったのである（保立道久『歴史のなかの大地動乱―奈良・平安の地震と天皇』、岩波新書、二三二～二三三ページ、二〇一二年）。

## 五年計画の調査でわかった貞観津波

この問題を解くきっかけとなったのが、二〇〇五年に宮城県沖で起こった地震M7・2である。宮城県沖では、「宮城県沖地震」と呼ばれる地震が三十～四十年くらいで繰り返し起こっていた。マグニチュードは7・5程度だった。

最後の地震が一九七八年に起こっていたので、近い将来に起こると地震調査委員会は発表していた。二〇〇五年の地震は、「宮城県沖地震」と同じように始まったものの、途中で終わってしまった。揺れを起こすもと（源）、震源（第七章参照）の大きさは、「宮城県沖地震」よりも小さかった。このため「宮城県沖地震」なのか、そうではないのか、が問題となった。

「宮城県沖地震」ならば、この先三十～四十年は起こらないだろう。でも、「宮城県沖地震」でないならば、近く本当の「宮城県沖地震」が起こるはずだ。そして「宮城県沖地震」ではないと、地震調査委員会は、発表した。

五年計画で宮城県沖の地震を調査することになった。五年計画の調査が始まり、平安時代の貞観地震も調べられた（文科省による「宮城県沖地震における重点調査観測」平成十七年〜二十一年度（二〇〇五年度〜二〇〇九年度））。

昔の地震を調べるグループは二つあった。一つは産総研（産業総合研究所 活断層研究センター 海溝型地震履歴研究チーム）のグループでリーダーは岡村行信さん（第八章）。メンバーには佐竹健治さん（第一・二・六・八章）が加わっている。もう一つは大学のグループだった。東北大教授の今泉俊文さん（前の章）がリーダーだ。

五年計画での調査により、貞観津波が海岸から離れた場所まで陸地に押し寄せたことがわかった。同じような津波が、貞観地震よりも前に起こっていた。記録に残っていない津波である。また、貞観地震より後の一五〇〇年頃にも、津波が起こっていたことがわかった。このような結果から、「長期評価」第二版をつくることになった。

さらに、石巻市や仙台平野では、海岸から数キロ離れた場所まで貞観地震の津波堆積物が見つかった。これは産総研のグループの調査でわかった。また、大学のグループは、岩手県大槌町や福島県浪江町で、貞観津波の堆積物を発見した。

産総研グループの佐竹さん（産総研活断層研究センター 副センター長）は、津波のもととなる地震の断層モデルを、津波堆積物から調べた。前の章で書いたように、佐竹さんは、貞観地震の断層モデルの論文を東京電力の高尾さんたちに渡した。

貞観地震は津波地震（震度は小さいが大きい津波を起こす）ではない。貞観地震の震源域（第七章参照）は津波地震より陸に近い場所にある。震源域はとても広い。断層（第五章参照）のずれる速さはふつうで、激しい揺れを起こす。

一方、津波地震の震源域は、日本海溝に沿って南北にのびている。断層はゆっくりずれて、揺れは小さいが津波は高い、ということだ。

## 保安院と東京電力の貞観地震に対する根深い相違

前の章で書いたように、二〇〇九年六月の保安院の委員会（総合資源エネルギー調査会 原子力安全・保安部会 耐震・構造設計小委員会 地震・津波、地質・地盤 合同ワーキンググループ）で、福島第一の中間報告は問題がある、と岡村行信さん（産総研 活断層・地震研究センター長）が言った。白河の関より北を激しく揺らした貞観地震を書かないのはおかしい。中間報告に書くようにと発言した。

この委員会の主査は纐纈一起さん（第八章参照）である。第一章で書いたように、東京電力のウソの説明を信じた川原修司さんが、保安院の耐震安全審査室長としてまず資料の確認をする。それから、同じく第一章で触れたウソの説明をした東京電力の高尾誠さんが、資料の説明をした。

岡村さんは揺れの強さを計算するときに、「過去に貞観地震という非常にでかいものが来ているということはもうわかっているのに、なぜそれについて何も書いていないのか、貞観地震について触れていないのはおかしい」と強く言った。福島第一原発で備えなくてはいけない揺れの計算で、貞観地震を考えないのはおかしい。それでは貞観地震規模の地震が起これば危険ではないか。

貞観地震で被害がなかったという東京電力の説明に対しては、揺れで多賀城が壊れたと反論した。岡村さんの説明は続く。

〈少なくとも津波堆積物は常磐海岸にも来ているんですよね。……もう既に産総研の調査でも、……東北大の調査でもわかっている。ですから、震源域としては、仙台の方だけではなくて、南までかなり来ているということを想定する必要はあるだろう……〉

強い揺れで城を壊した地震の場所（震源域）が、仙台沖から常磐海岸の沖まで広がっている。この広がりは津波堆積物からわかる。だから当然福島第一原発の場所でも、強く揺れたはずだという説明である。

保安院安全審査官の名倉繁樹さん（前章参照）が、福島第一原発の場所でどの程度の揺れになるか、事務局で調べると言った。津波は中間報告では書かなくて良いので、最終報告の時に検討すると言った。

耐震安全審査室長が、川原さんから小林勝さんに交代した翌月の会合で、名倉さんが岡村さんに答えた。最終報告では津波をとりあげる。断層モデルは、津波堆積物の調査が進むと、変わっていく。最終報告では、それらも考えて地震の揺れについて書くことになる。名倉さんがそのようにまとめ、岡村さんの批判に答えた。

後に岡村さんが、政府事故調（第三・四章参照）の質問に答えている（二〇一一年七月十二日聴取記録）。東京電力の態度はおかしかったが、最終報告はすぐに出ると思った。その時には貞観地震の対策もするのだろうと、岡村さんは思っていた。当時の雰囲気をきかれて、次のように答えている。

〈変だと思った。電力会社は大抵のことにはそれなりに前向きに答えるが、このときは真面目にやる気があるのか、ごまかす気なのかという感じだった。東京電力は中越沖のときは真面目に受け止めたのに、最近の彼らの態度には違和感があった。〉

〈保安院のスケジュール感としては、……中間報告は限りなく本報告に近いもので、その半年後くらい、すぐに本報告が出てくるといった感じと聞いていた。……貞観については、本報告で対応するのだろうと思って了解した。〉

本報告（最終報告）では、貞観地震と津波がとりあげられているだろう。そして、ある程度は対策が終わっているはずだ。そうでなければ、保安院が原発を止めろと言うことになる。そのような命令をださないといけない。そうなっていたのではないかと、岡村さんは政府事故調に話した。

前の章で書いたが、岡村さんは東京電力に、貞観津波の対策をせよとも言っている。対策をせずに、津波堆積物を調査する東京電力にあきれていたのではないか。

二〇一〇年三月に保安院審議官（原子力安全基盤担当）の森山善範さんが保安院の寺坂信明院長など幹部に、貞観津波は福島第一の敷地を越えることもあるかと思われると伝えた。

森山審議官は、貞観津波について、次のように言っている。調査は二〇〇九年度で終わる。地震本部で検討されて、結論がでるだろう。二〇一〇年の夏から二〇一一年にかけて、貞観津波がどのようなものかわかってくると言った。地震本部の動きを保安院が気にかけていたことがわかる。これが二〇一一年の保安院と地震本部事務局との秘密会合へとつながっていく。秘密会合については次の章で書く。

## 「長期評価」第二版（案）

二〇〇五年の宮城県沖の地震で始まった五年計画の調査が終わり、二〇一〇年に報告書が発表された。そして二〇一〇年の四月、長期評価部会で「長期評価」第二版の議論が始まった。また、これまで別の報告書に書かれていた「宮城県沖地震」を、「長期評価」第二版にいれることになった。

長期評価部会で「長期評価」第二版の案がまとまるまで、十ヶ月かかった。前に書いたように、二〇〇五年の宮城県沖の地震が、三十～四十年おきに起こる「宮城県沖地震」なのかどうか、議論が続いた。なお、3・11大津波を起こした地震では、「宮城県沖地震」が同時に起こったことがわかっている。

二〇一一年一月二十六日の長期評価部会で「長期評価」第二版の案がまとまり、二月九日の地震調査委員会で検討された。

津波堆積物の調査結果は単純ではなかった。発生間隔は、四五〇～八〇〇年とばらついた。大津波が来たのは、紀元前三九〇年頃、西暦四三〇年頃、八六九年（貞観地震）、一五〇〇年頃の四回だった。津波堆積物は、宮城県の石巻市、仙台市、山元町、福島県南相馬市の四カ所で見つかったもの、三カ所でみつかったもの、二カ所のものもあった。四回の津波が、みな同じような地震によるものなのかどうかは、はっきりしない。

3・11大津波が来るほぼ一月前、二月九日の地震調査委員会で、産総研の岡村さんは強く意見を言った。海岸から数キロの場所まで押し寄せる津波が、繰り返し来たことを警告することが大事だ。四回の津波全部が同じような地震による、と言うのは難しいかもしれない。でも、何回か繰り返している。このことを警告すべきだ。弱い書き方では、「受け取る側としてはどうすればよいのか、と思われるのではないかという気がする」と言った。

前の節で書いたように、福島第一原発の見直しの中間報告を、岡村さんは批判したことがあった。貞観地震の揺れが無視されていると批判したのだ。これは二〇〇九年のことだったが、メディアで報道されたのは二年も後、3・11大津波の約二週間後であった。ただ、報じられていなくても、原発の見直しに関係した人たちは、岡村さんの批判を知っていたのだろう。関係していなかった委員（私を含め）は、そのことを知らなかった。

岡村さんは、貞観地震の警告を受け取る側として福島県はもとより、東京電力や保安院を念頭に入れていただろう。委員長の阿部勝征さん（東大名誉教授、第二〜八章参照）は、「今の質問は大変重い。実際に使う人を思い浮かべると、どう使ったらいいのか分からないのではと思う」と言った。阿部さんが思い浮かべた「実際に使う人」とは、東京電力のみを指すのではないか。受け取る側という言葉の意味を、事務局側でもわかっていただろう。原発の審査に関係した人たちや事務局の人たちと、何も知らない人たちとでは、言葉の意味がちがっていた。

この二月の地震調査委員会は、保安院が事務局との秘密会合を相談した日の二日後に開かれた。次の章で書くが、地震調査委員会は電力会社の立場を考えて発表する方向へと進む。秘密会合から、このような方向が生まれたように思える。

## 強い警告になるか

少し時間を戻す。

二〇一一年一月二十六日の長期評価部会に提出された「長期評価」第二版案では、貞観地震について次のように書かれていた。

〈(原案)
宮城県中南部から福島県中部にかけての沿岸で、巨大津波による津波堆積物が約四五〇〜八〇〇年程度の間隔で堆積しており、そのうちの一つが八六九年の地震（貞観地震）によるものとして確認された。貞観地震以後の津波堆積物も発見されており、西暦一五〇〇年頃と推定される津波堆積物が貞観地震のものと同様に広い範囲で分布していることが確認された。貞観地震以外の震源域は不明であるものの、八六九年貞観地震から現在まで一〇〇〇年以上、西暦一五〇〇年頃から現在までに約五〇〇年を経ており、巨大津波を伴う地震がいつ発生してもおかしくはない。〉

この原案が、二月九日の地震調査委員会に出された案では、大きく変わっていた。たとえば、最後の文章の、「八六九年貞観地震から現在まで一〇〇〇年以上、西暦一五〇〇年頃から現在までに約五〇〇年を経ており、巨大津波を伴う地震がいつ発生してもおかしくはない」という箇所は、「巨大津波が発生する可能性があることに留意する必要がある」に変わっていたのだ。
右に書いたように、産総研の岡村さんは最初地震調査委員会で、強い警告となるように意見を出した。その後は調査委のメーリングリストで、強い警告となるように意見を具申。しかし、二月二十三日の長期評価部会に提出された案では、同じ部分が次のように書かれていた。

〈宮城県中南部から福島県中部にかけての沿岸で、巨大津波による津波堆積物が過去二五〇〇年間で四回堆積しており、そのうちの一つが八六九年の地震（貞観地震）によるものとして確認された。最新は西暦一五〇〇年頃の津波堆積物で、貞観地震のものと同様に広い範囲で分布していることが確認された。貞観地震以外の震源域は不明であるが、巨大津波を伴う地震が発生する可能性があることに留意する必要がある。〉

当時私には、なぜ岡村さんが何度も文句を言うのか、それにもかかわらず事務局が直し続けるのか、まったく分からなかった。今考えると、激しい戦いがあったのだ。
二〇〇九年夏の中間報告から、ずっと岡村さんは東京電力のやり方がおかしいと思っていたのだろう。それから、二年半たって、「長期評価」第二版の議論となった。貞観津波はいつ起こってもおかしくない。「東京電力は、何をぐずぐずしているのか、すぐにでも対策しろ」という思いだったのだろう。

二〇一一年二月の長期評価部会で、私は

「単に巨大津波ではわからない、海岸から遠い場所まで押し寄せる津波を警告するように書かなければだめだ」

と発言した。以前私は、仙台市若林地区で貞観津波の堆積物調査をしたことがあった。現地を見て、海岸から数キロまで押し寄せて来る津波の恐ろしさを十分知っていた。だから「重要なことは、もし起こったら大変だ、と言うことだ」と主張した。

その後、「長期評価」第二版の案には、宮城県沖から福島県沖にかけての海岸で、「当時の海岸線から一・五～四キロメートルの内陸の平野部まで巨大津波が遡上したと推定される」と書かれるようになった。

「説明」と書かれている専門家向けの部分では、各地で何キロまで津波が押し寄せたのかが書かれるようになった。「石巻平野全体では……貞観津波の浸水域は当時の汀線から少なくとも約三キロメートル内陸まで及んだと考えられた」というように書いた。他に、仙台平野、名取市、岩沼市、亘理町《わたりちょう》、山元町、南相馬市と続く。

しかし、今読んでみると浪江町の記録が書かれていないことに気づく。福島第一原発の敷地から約二キロで、貞観津波の堆積物が見つかっていた地域である。書かれていないのは偶然なのか、事務局がまずいと思って抜かしたのか、それはわからない。

「長期評価」第二版の案は、さらに書き換えられた。3・11大津波の前週である三月三日、電力会社と事務局との秘密会合で、東京電力が「要望」したためである。

この書き換えを、後に原発事故を調べた政府の委員会（政府事故調）の中間報告があばいた（二〇一一年十二月二十六日）。3・11大津波の後にできた政府事故調が、〃原子力ムラの会合〃であるこの秘密会合をばらしたのだ。

政府事故調の中間報告を受け、私はすぐ地震本部事務局に、「長期評価部会などの委員全員に、（裏で）何が起きていたのか書面で説明すること」を求めた。それと同時に、私が事務局にそのような要求をしたことを、委員全員に知らせた。正規の会議を差し置いて、秘密会合で物事が決まる……委員の士気、やる気を奪う問題である。

約一ヶ月後、A4六ページの資料が提出され、二〇一二年二月一日の長期評価部会で事務局から説明された。資料が語る事実に圧倒され、委員からの意見はほとんどなかった。

それには「非公開資料」と書いてあった。なぜ非公開なのかと私が質問したところ，気象庁から出向していた北川貞之さん（地震・防災研究課地震調査管理官）は，「このような情報交換会については，通常，開催事実と内容は公表するものではないので，このような扱いにさせてもらった」と答えた。秘密会合をよく開いていることが、思わず口から漏れたのだった。でもその時の私は、まさかそんなことはないだろうと思って聞いていた。

この文科省の非公開資料について、京大防災研究所教授の橋本学さんが開示を求め、得た資料については、前の章で述べた（日本地震学会モノグラフ「日本の原子力発電と地球科学」三四〜四四ページ）。

それだけではない。小林勝さん（保安院耐震安全審査室長）の政府事故調の聴取書（「東京電力の津波対策に対する原子力安全・保安院の対応について」（二〇一一年九月二日））に秘密会合の報告が付いていた。文科省ではなく、その相手となった東京電力による報告である。

## 秘密会合での書き換え

政府事故調がばらした二〇一一年三月三日の秘密会合では、東京電力が要求し、事務局が「長期評価」第二版を書き換えた。貞観地震の警告を弱めるように、第二版が書き換えられた（前章参照）。

同時に、東京電力の中間報告を岡村さんが批判したことへの〝嫌がらせ〟が加わった。福島第一原発で備えるべき揺れの強さについて、貞観地震を無視しているという批判への回答である。メディアや行政担当者（保安院も含む）向けの主文に次の文章が追加された。

〈また貞観地震の地震動について……判断するのに適切なデータが十分でないため、さらなる調査研究が必要である。〉

貞観地震の強い揺れがどの程度なのか、「判断するのに適切なデータが十分でない」と書かれている。福島第一原発で備えなければならない揺れの強さはわからない、データが十分にないからだ、という言いわけである。東京電力は自分では黙っていて、地震本部に言いわけをさせたのだ。

東京電力は、この「長期評価」第二版をつかって、最終報告を書こうとしていたのだと思う。これを使って、貞観地震の揺れの値は、わからないと書けば良い。そうすれば、対策をしないですむ。

この秘密会合は、東京電力の戦略によるものだと私は思う。前の章に書いたように、福島第一原発の付近では四～五メートルの高さを超える津波はなかったと報告する。

この調査結果に合う貞観地震の断層モデルを発表する。だから、この発表の邪魔になるような内容が「長期評価」第二版にあれば、書き換えてもらおうとした。そうすることで、一歩一歩、対策なしの解決へと進もうとしていたのではないか。

政府事故調は、最終報告の中で書き換えについて批判していない。「事実関係の変更はできないが、誤解を与える可能性のある表現については、よりわかりやすくする観点から表現方法を工夫」したほうがよいと考えたのだと書いている（三〇八ページ）。

東京電力に対しては、「国の機関による地震・津波予測の結果を真摯に受け止めるというより、貞観津波級の大津波への対策を迫られないようにしようとか、津波対策の不備を問われないようにしようとするものだったとの疑いを禁じ得ない」と厳しく批判している（四二二ページ）。文科省に甘く、東京電力に厳しい。

一方、原発事故を調べた国会の委員会（国会事故調）は報告書で、「評価結果を、規制対象となる電力会社が改変しようとしたのは大いに問題がある。文科省の対応も問題であったと考えられる」と両者を批判した（五〇一ページ）。

報告書の同じページには、「文科省資料によれば、現時点で把握している電気事業者との公表前の意見交換会は平成二十三（二〇一一）年三月三日の一度のみという」と書いてある。

たしかに「長期評価」第二版についての秘密会合に限っていえば、一度のみだ。でもその前に（一月二十五日）事務局は、東京電力・中部電力・清水建設といった〝原子力ムラの住人〟たちと、秘密会合しているのである（次章参照）。

二〇一一年三月三日の秘密会合では、地震本部事務局が「長期評価」第二版を説明した。東京電力は貞観地震について内容の書き換えを要求し、事務局は「長期評価」第二版を書き換えた。このようにしてできあがった第二版は発表されないまま、闇に葬られた。直後に3・11大津波が発生してご破算になったのだ。

# 第十章

# こうして3・11津波地震の真実は隠された

## 想定外ではなかった

3・11の後、地震本部事務局は、想定どおりの地震が起こったという委員の声を黙らせて、想定外の地震だと発表した。地震は想定できていたが、その発表が遅れたと言えば、事務局に非難が集中しただろう。

想定していた地震の警告は、3・11に間に合わなかった。警告を遅らせたのは、事務局と東京電力との秘密会合のためだった。

二〇一一年三月十一日、高い津波と陸の奥まで襲う津波とが同時発生した。高い津波を起こす津波地震は九年前の「長期評価」で警告された。だが、東京電力はウソで保安院をだまし、津波計算から逃れた（第一章参照）。このときに対策をしていれば、原発事故はふせげただろう。

大津波の八日前、東京電力は地震本部事務局と秘密裏に会合した。そして地震本部が準備していた「長期評価」第二版（前章参照）の内容を説明してもらい、その一部を書き換えるよう求めた。

このような書き換えがあることを、地震本部事務局は予定していた。言われてから書き換えるのでは、三月の委員会に間に合わない。そのため、「長期評価」第二版の承認を、三月の委員会（大津波二日前の地震調査委員会）では見送ることにしてしまったのだ。

もし三月に「長期評価」第二版を承認し、発表していれば――その翌日（大津波の前日）の朝刊に警告が出て、多くの人々の命が救えただろう。

貞観津波の警告が出る一歩手前であったことを、事務局は隠した。事務局と東京電力との秘密会合も隠した。秘密の書き換えも隠した。このため事務局の責任、警告を遅らせた責任は、追及されることがなかったのだ。

秘密会合は大津波の九ヶ月後にばれたが、秘密会合はこれだけではなかった。その全体像が明らかになったのは、大津波から八年後のことだったのである。

私は、ただただ驚くばかりだった。親しく話をしていた相手が、このような秘密を隠していたとは考えてもみなかった。

## なぜわざわざ秘密会合を開いたのか

第六章で書いたように、一九九五年阪神・淡路大震災をきっかけとして、新指針（耐震設計審査指針）ができた。前の指針では、過去五万年間に動いた断層は、今後も地震を起こす危険がある断層（活断層）とした。新しい指針では、過去十二～十三万年間に動いた断層は活断層となった。

ところが長期評価部会では十二～十三万年を四十万年にしようとしていた。この新しいやり方（「活断層の長期評価手法（暫定版）」）は地震調査委員会で承認され、二〇一〇年十一月に発表された。これに東京電力や保安院が慌てたのである。

〝原子力ムラの会合〟そのものである一連の秘密会合への動きは、二〇一〇年の暮れに始まった。年が明けて、事務局の石井透さんが用意をはじめた。石井さんは地震の強い揺れの研究者で、清水建設から出向していた。一時的に文科省の職員（技術参与）となっていた。

最初の秘密会合は二〇一一年一月二十一日（金）で、その内容はわからない。地震本部事務局と内閣府防災担当との秘密会合だった。

次は、一月二十五日十時から十二時まで、文科省で開かれた。事務局と東京電力・中部電力・清水建設による成果活用意見交換会という名前の秘密会合だ。地震本部の成果を、もっと使ってもらうにはどうしたら良いか。意見を交換する会合という形をとっている。

一連の秘密会合（かっこ内に議題）を次に示す。保安院が東京電力を呼び出して事情等を聞き出す会合も含めた。また参考のため、かっこ内に地震本部の会合を示す。

一月二十一日　事務局と内閣府防災担当　（内容不明）
一月二十五日　事務局と東京電力・中部電力・清水建設：成果活用意見交換会
（一月二十六日　長期評価部会）
一月二十七日　事務局、「長期評価」第二版を宮城県に説明
一月三十一日　事務局、「長期評価」第二版を東北大長谷川昭教授に説明
（二月九日　地震調査委員会）
二月二十二日　事務局と保安院：第一回会合
その後保安院が東京電力を呼び出す
（二月二十三日　長期評価部会）
三月一日　事務局と保安院（「長期評価」第二版）
三月三日　事務局と東京電力、東北電力、日本原電：日本海溝長期評価情報交換会

三月七日　　東京電力と保安院（津波堆積物）
（三月九日　地震調査委員会）
3・11大津波
三月二十三日　事務局、福島県に「長期評価」第二版を説明（中止）
三月二十九日　事務局、電気事業連合会に「活断層の長期評価手法（暫定版）」を説明（中止）

一月三十一日の長谷川昭さん（第五章参照）は地震本部政策委員会委員で調査観測計画部会長である。

多くの秘密会合は、長い間隠されていた。二〇一九年一月二十二日（大津波の八年後）、原発事故を検証するサイト「レベル七（Level 7）」の中で、ジャーナリストの木野龍逸さん（第三章参照）が資料を公開した。この資料公開と、同九日の添田孝史さん（第四章参照）による資料公開とによって全体が明らかになった。

## 電力会社と意見交換をしたい

石井さん作成の発言メモ（「成果活用意見交換会（非公式会合）発言メモ（非公式メモ）」）

によれば二〇一一年一月二十五日東京電力から三名、中部電力（電力各社のまとめ役）から二名が出席した。石井さんの会社、清水建設から四名が出席している。いずれも名前は黒ぬりされていて、わからない。文科省からは鈴木良典さん（地震・防災研究課課長）、北川貞之さん（同課地震調査管理官、前章参照）、長谷川裕之さん（同課地震調査研究企画官）など七名が出席した。会の内容の多くは、活断層で起こる地震の新しい調べ方（「活断層の長期評価手法（暫定版）」）についてであった。

なお、この新しい調べ方は、原発の審査などをしている委員から猛反発を受けて暫定版のまま、ほっておかれることになる。これを議論した委員会（活断層評価手法等検討分科会）は私が主査をしていた。二〇一二年に私が辞めさせられた後、しばらく主査不在であったが、その後解散した。

秘密会合の前日には、地震本部からお尋ねしたい事項が送られている。そこには地震本部の成果と関連が深くなると思われる事項として、「国による審査関連」と書かれていた。これは、原発の審査を指している。原発の審査と地震本部の成果との関連についてお尋ねしたいという意味であろう。ここで言う地震本部の成果とは、地震調査委員会が発表する活断層や海溝型の地震の予測のことと思われる。

どこの原発の審査で、どの活断層が、或いはどの海溝型地震が問題となるのかを尋ねたものと言ってよいだろう。発言メモによれば、電力側からは、まず原発の見直しがあると答えた。東京電力は、福島第一原発の見直しの最終報告が気がかりだっただろう。

以前東京電力は、地震調査委員会委員長の阿部勝征さん（東大名誉教授、第二～九章参照）にいろいろ尋ねた（第七章参照）。だが地震本部に直接尋ねられれば、話は早い。都合が悪い内容は、書き換えを要求できるからだ。

一方文科省の地震本部が、原発を動かしている電力会社や関連する建設会社に尋ねるのは、なぜなのだろうか。

活断層や海溝型地震の調査結果を発表することに、どこかから圧力がかかっていたのではないか。二〇〇二年の「長期評価」の発表と同じように。将来、どのような発表に圧力がかかるのか、それを先に知っておきたい。そして発表をできるだけ抑えて、圧力がかからないようにする……これが文科省の狙いだったのではないか。

二〇一一年一月二十五日の秘密会合で、課長の鈴木さんは次のように言っている。

〈安全委員会や保安院との意見交換の場も考え得るが、電力各社との意見交換の場は是非欲しい。〉

地震の調査結果を発表する課長が、電力と意見交換したいとはどういうことか。これが三月三日の東京電力・東北電力・日本原電との秘密会合につながり、発表内容を事前に書き換えてしまうことになるのか。

三月一日に、日本活断層学会が主催して、「新たな活断層評価手法に関するミニシンポジウム」が開かれた。活断層の新しい調べ方を説明する会であった。誰でも参加することができた会合だ。なぜこれとは別に、秘密会合を開く必要があったのか。何か問題があるのなら、このシンポジウムで質問すれば良いことだ。それをわざわざ秘密会合を開くということは、そこでしか話せない何かがあったとしか思えないのである。

さらに活断層に関しては、三月二十九日に地震本部事務局と電気事業連合会との秘密会合が予定されていた。これは、3・11大津波のため中止となった。

一月二十五日の秘密会（成果活用意見交換会）の後、石井さんはメールで出席者へ次のように書いている。

〈……調査・研究と工学利用とでは立場の違う部分もありますので、その違いをきちんと理解した上で対外説明をしていくことの重要性も再認識させられたと思っております。〉

地震調査委員会と原発の関係者とでは立場がちがう。そのことをわかった上で、地震調査委員会は発表しなければならない、という意味だろう。地震調査委員会からの発表内容は、電力会社の立場を考えて書く。そう聞こえる。そんなことがまかり通れば、電力会社へのチェック機能が働かなくなるという、恐ろしい事態になってしまうではないか。

「長期評価」第二版について、産総研の岡村さん（活断層・地震研究センター長）と事務局とのやりとりがあった（前章参照）。東京電力のやり方はおかしい、貞観地震がいつ起こってもおかしくないという岡村さんの意見は、東京電力の立場とは大きな違いがある。このため事務局は、岡村さんの意見を無視する発表案を繰り返し提案したのだろう。

まさに電力会社の立場を考えて行われたのが、二〇一一年三月三日の秘密会合だ。事務局は、まだ発表されていない「長期評価」第二版を電力会社に説明し、意見を聞いた。そして東京電力の頼みを聞いて第二版を書き変える。

このため、地震調査委員会の承認は後回しとなった。海岸から離れた場所までを襲う津波の警告は、翌四月の議題とされた。そして警告を発する前に、３・11大津波が東日本の太平洋岸を襲い、多数の方々が犠牲になり、福島第一原発の重大事故が起きたのである。

そもそも地震調査委員会は、一九九五年、阪神・淡路大震災の反省から設置された。それなのに、東京電力の言いなりになってしまい、対策をしていれば防げたはずの事故を防げなかった。私は設置当時を思うと、「地震本部の事務局は、こんなに変わってしまったのだ」と悲しい。

## 二〇一一年二月十七日の秘密日程

二〇一一年二月十七日には、地震本部事務局で何か大きな動きがあったのではないかと思う。

まず長期評価部会長である私のところへ、「長期評価」第二版の取り扱いについてメールが来た。次に事務局技術参与の石井さんが東京電力へ内々のお伺いを出す。さらに、事務局と保安院との第一回秘密会合の日程が決まったようである。

この日の午後四時前に、文科省の本田昌樹さん（地震・防災研究課本部係長）から「『長期評価』第二版について地震調査委員会での承認が遅くなる」とのメールが来た。

午後七時すぎには、石井さんが電力関係者へメールを出している。その中で、「本日は、内々にお伺いしたく、メール致しました」と、「長期評価」第二版について書いている。

〈……この評価結果が公表された際に何らかの対外説明を求められる可能性がある

・東京電力殿（福島サイト）
・東北電力殿（女川サイト）
の関係者の皆様には、事前に内々にその内容をご説明する機会を設けたいと思いますが、如何でしょうか？〉

「長期評価」第二版が発表されると、メディアから問い合わせがくると予想される東京電力と東北電力へのメールだ。秘密で内容を説明するというのだ。第二版が発表された場合、東京電力が最も大きく影響を受けるということを、東京電力の人たちはわかっていた。石井さん宛のメールで次のように返事している。

〈……東北電力さんは施設の標高が高く
あまり影響がないようです。
原電の東海さんの方が影響が大きいようですが
いずれにしても最も影響が大きいのは東電の
模様です。〉

原電の東海さんとは、日本原電（日本原子力発電所、第八章参照）の東海第二発電所のことである。日本原電も秘密会合に加わることになる。

この日午後五時半に保安院の小林勝さん（耐震安全審査室長）が事務局へメールを出している。その中身は地震本部事務局との秘密会合（第一回）の出席者は六名、と知らせるものだった。

## 保安院と地震本部事務局の秘密会合

二月二十二日の保安院と事務局の第一回会合では、「活断層の長期評価手法（暫定版）」が主な話題だった。この会合の初めのところで、事務局は「長期評価」第二版を四月に発表すると話した。保安院の小林さん（耐震安全審査室長）は「非常にインパクトのある情報であった」と政府事故調の聴取で言っている（二〇一一年九月二日聴取結果書、一一ページ）。

この秘密会合の後、保安院の名倉繁樹さん（第八・九章参照）は東京電力の高尾誠さん（第一・二・六〜九章参照）を呼び出し、貞観津波対策をきいている。

その後三月七日に保安院は東京電力から、貞観津波や津波地震についての津波計算の結果（津波地震では、福島第一で津波高さ一五・七メートルなど）を聞き出した。第八章で書いたように、この時東京電力は、着々と予定どおりにものごとを進めていた。

最初の「長期評価」(二〇〇二年)では、防災担当大臣が発表を止めようとした(第二章参照)。「長期評価」発表予定の八日前、「発表を見送るように」とのメールを、内閣府防災担当が地震本部事務局へ送っている。また、「長期評価」の前がきに、対策無用とも読める一段落が加わった。とはいえ、地震本部は結局、「長期評価」本体の内容自体は少しも変えることなく、発表した。

ちょっとドタバタしていたように見える初版の時と違って、「長期評価」第二版では、もっと要領よく「津波対策潰し」が進められたようにみえる。地震本部事務局は、東京電力などに協力的な態度を示している。事務局が電力側と直接話しあうなんて、二〇〇二年には思いもよらなかったことだ。さらに、東京電力の要求にそって、内容を書き換えるとは、まったくどうしたことだろうか。大きな政治的な力が働いたのではないか。

すでに何度も触れたが、原発がらみでこういう不可解な動きが出てきた際、〝原子力ムラ〟を補助線として考察すると、もつれた糸はほぐれていくのだ。「長期評価」第二版の作成過程でも、ムラの住人たちは暗躍したのだろう。

だが、そうした裏の部分は、うまく隠されてしまっている。裏の動きに関し、手に入る資料は何もない。

## 3・11臨時地震調査委員会

二〇一一年三月十一日午後二時四十六分、東北地方の太平洋沖で巨大地震が起こった。東京でもビルを大きく揺らし人々を驚かせた。私は原子力安全基盤機構の顧問として高層ビルの上の方の階で、机に向かって仕事をしていた。大きな長い揺れに、鉄骨がきしむようなギシ、ギシという音が加わり、思わず机の下にしゃがみこんだ。これはどこで起った巨大地震なのか？　パソコンで情報を集めるうちに、再び大きな揺れ（茨城県沖の余震）を感じ、机の下で「もう勘弁して欲しい」と思った。

テレビ局から連絡が来て、地震を解説することになったため、屋外に出た。そこで私は、あらためて驚いた。「車を拾って行きます」と電話で話したのだが、それどころではない。建物から出てきた人が、道にあふれていたのである。やむをえず私は、おぼろげな地図を頭に浮かべ、TBSテレビ（港区赤坂）まで歩いた。

夕方からは家に帰る人々と車でいっぱいになった。臨時の地震調査委員会が夜九時から文科省ビル（千代田区霞ヶ関）で開かれるとのことで、TBSテレビの車で送ってもらう。道路は大渋滞で間に合わないのではないかと心配したが、何とか時間までに行き着いた。

地震調査委員会委員長の阿部勝征さん（東大名誉教授、第二～九章参照）は、勤務先の地震予知総合研究振興会（千代田区神田猿楽町《さるがくちょう》）から「どうやって文科省にいくのでしょうか？」とメールで悲鳴をあげている。その前には、毎日新聞記者の須田桃子さんと津波のテレビ報道を見ていたという（須田桃子「文藝春秋が報じた科学の肉声」、『文藝春秋』、二〇二二年十月特別号）。阿部さんは「貞観地震の再来だな」とつぶやいたそうである。

文科省の科学官（二〇〇八～二〇一二年）をつとめていた山岡耕春さん（名大大学院教授（環境学研究科）、第八章参照）は、文科省ビル（千代田区霞ヶ関）の会合室で大揺れを経験したと言っている。午前中には虎ノ門で原子力安全委員会の特別委員会（耐震安全性評価特別委員会）があったが、山岡さんは欠席している。

その特別委員会委員長の入倉孝次郎さん（第六・八章）は、もちろんこの委員会に出席していた。日本原電の東海第二発電所の中間報告について議論し、原子力安全委員会への報告をまとめ、十一時五十五分に閉会している。その後、文科省で地震の大揺れを経験したそうだ（桜井林太郎「地震警告 耳をふさいだ国」朝日新聞、二〇一一年六月一日）。

地震により電車は止まっていて、夜九時の臨時の会合の出席者のほとんどが東京にいた人だった。地震本部長の高木義明文科大臣は出席したが、つくばにある研究所（産総研、国土地理院、防災科学技術研究所）の人は出席できず、東京にいる人が代理となった。しかし、停電で作業ができないということで、つくばからは資料がきていなかった。北海道、東北、そして福岡からの委員は欠席した。

## 後出しジャンケン

地震調査委員会の事務局が用意した地震の評価文に、今日の地震は想定されていなかったと書かれていた。委員長の阿部さんが、それは違うと言う。大津波を伴った貞観地震については検討していたのではないかと言った。阿部さんと事務局とは会合の開始前に十分な打ち合わせの時間がとれなかったのだろうか。議論していたのに想定外とするのはおかしいというのが、阿部委員長の意見だった。

私は長期評価部会の部会長として、「長期評価」第二版の案（「三陸沖から房総沖にかけての地震活動の長期評価（第二版）案」）を三月の委員会（三月九日、大津波の二日前）に出す予定だったが、ほかの議題があるために出せなかったと説明した。

「長期評価」第二版の案は、一月二十六日の長期評価部会でまとまり、二月九日の地震調査委員会で検討された。地震調査委員会では少なくとも二回審議することになっている。事務局の本田さんの二月十七日のメールに書かれているように、

〈順調に行けば、三月九日の調査委員会で承認され、公表となるところだったのである。

だが「長期評価」第二版の案は、二〇一一年三月九日の地震調査委員会の議題から、外されてしまったのだ。他にも重要な議題があるからという理由だった。その日、三月九日の地震調査委員会は、予定より早く十六時十分に終わったから、「長期評価」の議題に入れればよかったのに、と私は思っていた。

阿部さんに続いて、地震は想定されていたという意見が続いた。海岸から遠く離れた場所まで襲う津波の警告をこれまで議論していた。なぜ早く発表できなかったのか、集まった委員は悔やんでいたのである。

強震動部会長の入倉孝次郎さんも、全然想定していなかったとは言えないとの意見だ。宮城県沖と三陸沖南部の海溝寄りとで、地震が同時発生した江戸時代の地震M8・2の強い揺れを見積もっている。この時は、大津波が岩手県から千葉県銚子までを襲った。

委員の佐竹健治さん（第一・二・六・八・九章参照）は、「今日の地震は貞観地震の繰り返しだと思う。貞観地震がいつ起きてもおかしくない、と岡村委員が前に言った。その意見について議論したことを、今日発表するように」と提案した。発言は次のとおり。

〈前回（正しくは二月の地震調査委員会）、貞観の話について岡村委員から意見が出て、……明らかに繰り返していて、いつ起きてもおかしくないという表現を使うかと言う議論がメールでもあった。……そういう議論をして、個人的には今はまさにそれなのではないかという気がしている。……少なくともそういう議論があったということに言及するのはどうなのか。〉

これらの意見に対し、文科省科学官の山岡さんは、次のように強く反対した。

〈後出しジャンケンのように思われるのはよくない。……こういう事態で言うことが潔いのかという気がする。……議論して一部の委員はこのような津波が発生することを、非常に真摯に危機感を持っておられたことは事実だが、それをこの段階で評価文に書くことは気分的には乗らない。〉

課長の鈴木さんは、次のように山岡さんを後押しした。

〈現状では議論を行っていたのは事実だが、見解を統一するところまで出来ていたというわけではないと事務局では考えている。この評価文の中に入れると山岡科学官の指摘のような色彩が非常に強くなると思うので、質問があった場合に答えるということでよいと思う。〉

さらに、委員の横田崇さん（気象庁地震予知情報課長、第四・五章）は、「何を言いたいのか、後出しジャンケンにならないためのことを言うのか、想定できなかったと言いたいのか」と問い、貞観地震について議論していたことは評価文では触れず、記者からきかれたら答える程度で良いと山岡さんに賛成した。後出しジャンケンで潔くないと言われて、反対は止んだ。私は秘密会合のことを知らなかったし、多くの委員もそうだったと思う。だが一方、「想定していたと言うな」と言った人たちは、秘密会合を知っていたのだろう。

東京電力の要求で「長期評価」第二版を書き換えるために、発表を遅らせた。これが外に漏れたら大変なことになる。非難が地震本部の事務局に集中するだろう……秘密会合を知っている人たちは、こう考えたのではないか。

結局、次のような評価文が発表された。これが「想定外」という言葉を独り歩きさせるきっかけとなったと思う。この「想定外」なる無責任な言辞は、秘密会合を開いて、警告を遅らせた事務局の責任をうやむやにしてしまった。そればかりでなく、広く責任をあいまいにする言葉となっていったのである。

〈今回の地震の震源域は、岩手県沖から茨城県沖までの広範囲にわたっていると考えられる。地震調査委員会では、宮城県沖・その東の三陸沖南部海溝寄りから南の茨城県沖まで個別の領域については地震動や津波について評価していたが、これらすべての領域が連動して発生する地震については想定外であった。〉

東京電力と地震本部事務局とが秘密会合を開いたために、貞観地震の警告が間に合わなかった――。もし、秘密会合がなかったならば、と私は想像せずにいられない。

もし、３・11大津波の二日前の委員会の議題に「長期評価」第二版が入っていたならば、と。

もし、前日の朝刊で、陸の奥まで襲う津波への警告が伝えられていたならば、と。

## 《3・11関連年表》

| | |
|---|---|
| 八六九年 | 貞観地震 |
| 一四五四年 | 東北地方太平洋岸津波 |
| 一六一一年 | 慶長三陸津波 |
| 一六七七年 | 延宝房総津波 |
| 一八九六年 | 明治三陸津波 |
| 一九九五年一月 | 阪神・淡路大震災 |
| 一九九七年三月 | 『四省庁報告書』 |
| 二〇〇二年二月 | 『津波評価技術』(土木学会) |
| 二〇〇二年七月 | 「長期評価」(地震本部) |
| 二〇〇三年十月 | 「日本海溝専門調査会」始まる(中央防災会議) |
| 二〇〇五年六月 | 「日本海溝専門調査会」中間報告 |

二〇〇五～二〇〇九年度　貞観津波堆積物の五年計画
二〇〇六年九月　新指針（耐震設計）
二〇〇七年七月　新潟県中越沖地震・柏崎刈羽原発事故
二〇〇八年三月　新指針による見直しの中間報告
二〇〇八年七月　東京電力・武藤副本部長による対策延期
二〇〇八年十～十二月　東京電力による報告延期の根回し
二〇〇九年三月　「長期評価」書き直し
二〇一〇年十一月　「活断層の長期評価手法（暫定版）」
二〇一一年一月～　地震本部事務局と電力企業・保安院などとの秘密会議
二〇一一年三月　3・11大津波

# あとがき

3・11大津波は多くの人々が大切にしていたものを奪った。そして原子力事故を起こし、さらに多くの人に災いをもたらした。災いは今も続いている。

このような災いを、二度と起こらないようにするにはどうしたらよいか。そのためには、「何が起こったかを多くの人に知ってもらうことが大事だ。それがはじめの一歩だ」と私は思った。

そして私は、自分の立場から見えたこと、思ったことを書いた。別の立場の人とは、違う見方かもしれない。でも、私にしかわからないこと、書けないこともあるだろう。3・11大津波を考えるに際し、また、原発の在り方を考えるに際し、本書が参考になればと思う。

この本に登場する人たちは、一人一人はみんな良い人だと思う。しかし結果として、大惨事につながることをしてしまった。それぞれの役割、その時々の立場……いろいろなことがあったのだろう。

私自身、原発のことを、もっと知っていればよかったと思う。

まわりで、おかしなことが起こっている。それはわかった。おかしいと気づいたときは、書き留めておいた。だが、それから先へ進むほどには、事態の深刻さがわかっていなかった。今思えば、まわりに多くの原発関係者がいた。その人たちは何が起こっているかを、わかっていたと思う。が、声をあげた人はわずかだった。その声は多くの人には伝わらなかった。

もし私が背後の動きを察することができたらと、本書を書き終えてから想像する。結局、何もできなかったかもしれない。

大事なことは声をあげること、広く声を伝えること、そしてみなで支えることだ。本書がその一助になれば、これにまさる喜びはない。

3・11大津波に続く道すじの中で、何が起こったのか。たくさんの人たちが、真実を明らかにしてくれた。それがなければ、この本はできなかった。また、執筆にあたって、いろいろな人たちが励ましてくれた。それがなければ、この本を書けなかっただろう。

ありがとう。

## 追記

出版に際して、弁護士の河合弘之さんや青志社社長の阿蘇品蔵さんらに大変お世話になった。感謝申し上げる。

## 《おもな参考書》

◎東京電力福島原子力発電所事故調査委員会（国会事故調）、報告書
◎東京電力福島原子力発電所における事故調査・検証委員会（政府事　故調）、中間報告、
平成二十三年十二月二十六日
◎東京電力福島原子力発電所における事故調査・検証委員会（政府事　故調）、最終報告、
平成二十四年七月二十三日
◎ウェッブサイトLevel 7で公開された開示文書
◎添田孝史「原発と大津波　警告を葬った人々」岩波新書
◎（私が書いたもの）岩波書店のウェッブサイト『科学』の「葬られた津波対策をたどって―
3・11大津波と長期評価」（岩波書店の雑誌『科学』の連載「葬られた津波対策をたどって」
第一回〜第十八回、二〇一九年一月号〜二〇二〇年六月号）。『科学』に掲載された
「超巨大地震。貞観の地震と長期評価」二〇一一年五月号、「予測されたにもかかわらず、
被害想定から外された巨大津波」二〇一一年十月号、
「科学的な議論の行方」と「巨大津波と原発事故：ねじ曲　げられた科学」二〇一二年十一月号。

**島崎邦彦**（しまざき　くにひこ）

1946 年　東京生まれ

1968 年　東京大学理学部地球物理学科卒業

1970 年　東京大学大学院修士課程終了

1974 年　理学博士（東京大学）

1970 ～ 1980 年　東京大学地震研究所助手

1980 ～ 1989 年　東京大学地震研究所助教授

1989 ～ 2009 年　東京大学地震研究所教授

1995 ～ 2012 年　地震調査委員会委員、長期評価部会長

2001 ～ 2004 年　海溝型分科会（第一期）主査

2006 ～ 2008 年　日本地震学会会長

2009 年　　東京大学地震研究所教授を定年退職

2009 年～　東京大学名誉教授

2012 ～ 2014 年　原子力規制委員会委員長代理

# 3.11大津波の対策を邪魔した男たち

2023年3月31日　第一刷発行
2023年6月24日　第四刷発行

著　者　島崎邦彦
編集人
発行人　阿蘇品蔵
発行所　株式会社青志社
〒107-0052 東京都港区赤坂5-5-9 赤坂スバルビル6階
（編集・営業）Tel：03-5574-8511　Fax：03-5574-8512
http://www.seishisha.co.jp/

印　刷
製　本　中央精版印刷株式会社


ISBN 978-4-86590-154-2　C0095